亲爱的读者，很高兴你翻开了这本经久不衰的心理学著作《我们内心的冲突》。

这是一本将人的内心世界描写得入木三分的精神分析著作，“一面读，一面分析和自省，有背脊发凉、醍醐灌顶的感觉”。每个人的心理都是一个极其复杂的所在。那些内心的彷徨失序、冲突挣扎可能无法为外人所见，却真实存在于我们每一个人的身上。过度热情却小心翼翼地亲近他人，下意识地与他人保持距离，用表面的强大掩饰内心的虚弱，用幻想的理想化形象取代真实的自己……这一切的背后可能是恐惧、不安全感、失望、讨厌自己等我们没有意识到的问题。

通过阅读，我们能更清晰地以一个旁观者的姿态观察自己、分析自己，从而尝试改变自己。虽然本书仅用最后一章提纲挈领地写了心理治疗的可行性，但能认识到本身问题的存在，就已经是一种疗愈；而心理学家证实，人们可以在带有一些心理问题的情况下，依然正常地生活。

作为卡伦·霍妮的成熟之作，这本书不仅在理论上推动了心理学的发展，而且达到了心理学著作中鲜有的哲学高度。

为什么不带着好奇的心探索自己呢？
这是一场发现自我的心灵之旅，
还有很长的路要走。

多么希望在路的尽头，
能轻轻地对自己唱一句：
那些伤我终于为你都一一抚平。

献给对未来怀有期待的你们。
愿你不虚此行。

# 我们内心的冲突

〔美〕卡伦·霍妮 著
李娟 译

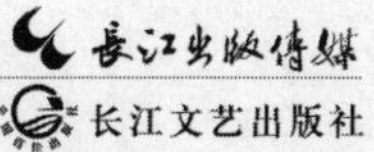

# 目录

## 第二部分
## 冲突得不到解决的后果

# 前言

这本书中的一些内容，来自我对病人和自己进行分析之后得到的结果，写这本书，就是为了努力促进精神分析的发展。这本书中的理论是慢慢形成的，而且经过了很多年的时间。美国精神分析学会曾邀请我进行一系列讲座，我的观点就是在对这些讲座进行准备的时候，变得清晰起来的。我第一个讲座的题目是《精神分析的技巧》，其主要内容，就是讨论精神分析的技术问题。我在一九四四年又以《人格整合》为题目进行了第二次讲座，这次讲座的内容，不但包括了这本书中说到的问题，还有在专科医学院和精神分析推进学会上讲过的一些主题，比如“精神分析疗法中的人格整合”“孤单心理学”和“偏向于虐待狂的意义”。

我知道，有一些精神分析师是真的想改良我们的理论和分析方法，我很希望这本书能帮助到他们，也很希望他们能在他们的患者和他们自己身上，都用到这里描述的观点。想要精神分析向前发展，就必须要动用强硬的手段，把我们自己和我们的困难都包括进去，以此来得到经验，并在经验中进行学习。如果我们安于现状，不思进取，那么我们的理论就会变成没有实际意义的僵化思想。

但是，只要是那些想要认识自我、想要继续努力成长的人，应该能从任何一本不是单纯讨论技术问题和抽象心理学理论的书中得到帮助，这一点我深信不疑。这本书里所描写的那些内心冲突，大多数生活在复杂环境中的人都有，并且只要是能对这些人产生帮助的东西，他们全都需要。虽然只有那些专家才能治好严重的神经症，但是，我觉得在我们自己的不懈努力下，我们自己内心的冲突一定能得到很大程度的改变。

我是在和我的患者们一起工作的过程中，对神经症有了更清晰的认识的，所以我最先要感谢的就是他们。也多亏了同事们的兴趣和热情的理解，我才有动力继续工作下去，所以我也要对他们表示深深的感谢。我所说的同事不但包括那些年龄比我大的同事，还包括那些正在接受我们研究所培训的年轻同事，不论是他们的反对意见还是那些议论，都对我起到了启发和鼓励的作用。

另外，还有三个人，虽然不属于精神分析领域，但是在我的工作向前发展的过程中，却都用特殊的方式给予我支持。第一位是埃尔文·约翰逊博士，是他给了我机会，让我能在新社会研究院发表自己的观点，要知道，当时得到认同的分析理论并实践的，就只有弗洛伊德的经典精神分析。新社会研究院哲学和人文科学系主任克拉拉·梅耶，也是我要特别感谢的人，这么多年来，他不但一直关注着我的工作，还鼓励我把所有在分析工作中得到的新发现和新观点，都拿出来和他们一起分享和讨论。我要提到的第三个人，就是在我对这本书进行修改的时候，提出了很多对我帮助很大的意见的出版人诺顿先生。最后，我之所以能把自己的观点清晰地表达出来，在很大程度上要归功于书中的材料组织得好，而帮我做到这一步的是米纳特·库恩，所以我还要对她表示深深的谢意。

卡伦·霍妮

# 导论

不管我们是以什么为基础，又用了什么复杂的方法来研究神经症，到最后我们都会发现：人格的混乱和缺失，是造成神经症的原因。事实上，这个内容算不上一个新发现，因为所有其他的心理学，差不多也都发现了这一点。只有内心充满冲突的人，才会得精神疾病，那些内心安定、思想冷静的人是肯定不会有这种问题的，这一点，每个时代的诗人和哲学家都很清楚。现代理论认为，所有的神经症都是性格神经症，这与神经症的症状如何没有任何关系。所以，不管我们是进行理论研究，还是进行实际分析，都要努力去更好地了解神经症性格结构。

事实上，弗洛伊德的起源理论，虽然没能把这个观点更清晰地表达出来，但也已经很贴近这个观点了，属于开创性的工作。后来，弗朗茨·亚历山大、奥托·兰克、威廉·赖希、哈洛德·舒尔茨－汉克等人，纷纷对弗洛伊德的研究进行了继承和发展，然而，在性格结构的准确本质及引发原因上，他们得到的结论却并不相同。

我和他们的研究基础完全不同。我觉得神经症和文化因素应该有一定的关系，这是我对弗洛伊德的女性心理学设想进行研究后，产生的想法。通常我们都认为，男性是威武的，而女性是柔弱的，这其实就是文化因素对我们产生的影响，在我看来，弗洛伊德就是因为没有考虑到文化因素，所以最后得到的才是有一定误差的结论。我对这个课题的兴趣，在近十五年来变得越来越大，特别是我还清楚地发现，社会因素不仅在女性心理学上有一定的应用，在其他方面也会产生很重要的影响，这个发现来自于心理学知识和社会学知识都很广博的埃里希·弗洛姆，我们曾经做过同事。一九三二年，我来到了美国，在这里我发现，和我在欧洲国家看到的情况相比，这里的人们在气质和神经症等很多方面都差别很大，能解释这一点的，就只有文化差异这个因素，这就证明了我的观点。最后，我把我的观点发表在了《我们时代的神经症人格》这本书中，那就是，是文化因素引发了神经症，更具体点说就是，人格的混乱和缺失，是造成神经症的原因。

神经症中的内驱力是什么，这个问题也是我的一项研究，

文化因素引发了神经症，更具体点说就是，人格的混乱和缺失，是造成神经症的原因。

在我写《我们时代的神经症人格》这本书之前的几年里，这项研究我也一直在同时进行着。这个问题的第一个答案来自于弗洛伊德，是强迫性内驱力形成了这些力量。他觉得，人们希望能得到满足和不能忍受失败的心理，都属于这类驱力，是人类的本能，所以它们作用的不只有神经症患者，而是所有的人。但是，如果想要这个假设成立，那么神经症就不能是由人际关系混乱引起的。所以，对于这个问题，我的看法可以简单地表达成下面几点：只有神经症患者有强迫性内驱力；它们其实是患者从孤单、失望、害怕、敌视等感觉中，得到的面对生活的方法；能不能得到满足不重要，因为安全感是它们最需要的；是隐藏在背后的焦虑感让它们产生了强迫性。在《我们时代的神经症人格》这本书中，我把对感情和权力这两种驱力的异常需求，描写得详细、清晰。

虽然弗洛伊德学说中的最基本的原理，已经被我的内心所认同，但我还是发现，我已经走上了和弗洛伊德完全相反的研究方向，因为我想要了解得更好一些。如果是文化决定了弗洛伊德眼中的那些本能，如果他眼中的那些叫作“力比多[①]”的东西，都是因为想要在与别人交往时得到安全感而产生的忧虑，

---

① 弗洛伊德提出的一种精神分析理论，指人的心理现象所产生的驱动力，是一种本能，也是一种力量。——译注

所引起的对情感的异常需求，那么力比多理论就是不成立的。不是说童年时代的经历不重要，但是在了解它对我们的生活产生的影响时，是不能用弗洛伊德的理论的，所以，自然会有其他不同的理论产生。所以，后来我才发表了《精神分析新方向》这本书，目的就是把我的理论和弗洛伊德的理论的不同点，清晰地表达出来。

在这期间我仍然在对神经症的内驱力进行探索。我发现，神经症的性格结构有着很重要的意义，所以，在之后出版的书中，我一共描述了十种神经症倾向，这是我对强迫性内驱力的称呼。那时候，我认为这种结构，其实是由无数个以某种神经症倾向为核心的微观世界相互作用后形成的宏观世界。在这种神经症理论的实际意义中，有一个很特殊，那就是它或许会造成这样的结果，我们想要认识自己并改变自己，可能只需要专家提供一点点帮助，甚至根本不需要专家的帮助，前提是我们现在遇到的困难，不被精神分析联系到以往的经历上面，而是用于对我们现有人格中各种因素的相互作用进行解释。人们现在很希望能得到精神分析疗法的帮助，但是最终却只能得到很少的帮助，这种情况下，就只剩下了一种方法能满足人们的愿望，那就是自我分析。那本书被我命名为《自我分析》，原因是其中的大多数内容，都是在对自我分析进行讨论，比如它的可能性是多少，有什么局限性，以及怎么样进行自我分析等。

虽然我对这些个体倾向进行了描绘，但是却并没有让我得到满足。我很担忧在我将各种倾向都进行了清晰的描绘之后，它们会给人一种过于孤独的感觉，因为它们排列得实在是太简单了。对感情的异常需求、强制表达的谦虚和对“伴侣”的需求，其种类都是相同的，这一点我很清楚，但是，这些个体倾向在组合起来之后，所形成的其实就是对别人和自己的一种基本态度，还有就是一种特别的生活哲学，这一点我却并没有发现。以这种倾向为核心的人，就是我们现在所说的“亲近他人”。我还了解到，我们口中的“抗拒他人”的大概构成因素，就是强制性渴求权力和名声的心理与神经症野心的某些共同点。想要被人佩服和渴望得到完美，虽然都对患者和其他人的关系产生了影响，表现出来的特点也都属于神经症范畴，但受到影响最大的，似乎还是患者与自己的关系。另外，利用别人的需求似乎只是从某个大的整体上取下的小碎片，根本就算不得一个独立的个体，因为这种需求不像对情感和权力的需求那样属于基本的需求，也没有太多的人有这种需求。

后来的事实表明，我的质疑是正确的。神经症中冲突有什么作用，成了后来的研究中，我最关注的地方。我在《我们时代的神经症人格》这本书中，提出了一个观点，不同神经症倾向的相互作用，是神经症产生的原因。在《自我分析》这本书中，我又提出，神经症倾向有相互强化的作用，那些相互矛盾的神经症倾向还会产生冲突，最开始，这种冲突来源于患者对别人的矛盾态度，不过时间越长，冲突的来源越广泛，到最后患者对自己的矛盾态度、矛盾的品质和矛盾的价值观，都会造成这种冲突。

冲突是很重要的，我在很多现象中都能看到这一点。最开始，我发现，患者似乎并不知道他们的内心存在矛盾，这让我很是惊讶，而且他们似乎也并不想知道这方面的事情，他们会在我和他们讨论这些事情时变成一副吞吞吐吐的样子。这样的事情发生的次数多了之后，我才明白，虽然我想帮他们解决这些矛盾，但是他们却并不喜欢像我一样的矛盾分析者，所以才会变成一副吞吞吐吐的样子。等到最后他们突然发现冲突之后，又会变成一副惊慌失措的样子。从患者的这种反应中，我发现，自己其实是在玩“炸弹”，而这些炸弹完全有把他们粉碎的可能，他们自然也害怕这一点，所以面对这些冲突时选择回避的态度，也是正常的。

随后我发现，患者虽然也在努力想办法，企图“平息”这些冲突，但根本就没有解决的可能，更确切地说，这种努力根本就是在制造虚假的和睦，完全不承认冲突是真实存在的。

患者主要使用下面四种尝试来“平息”冲突。

第一种是试图将一部分冲突隐藏起来，把支配的权力，让给它们的对立面。

第二种是“疏远他人”。事实上，神经症性疏离就是孤单，我们现在重新认识了它的功能。孤单是一种基本的冲突，也是最开始对待别人时的一种矛盾态度，另外，这种孤单还会让人们保持自己和他人之间的情感距离，这样冲突就成了摆设，也就是说，它还有试着对冲突进行平息的意思。

第三种尝试是神经症患者远离自己，这和“疏远他人”的方法完全相反。对他来说，原来真实的自我，因为这种情况而变得不真实起来，于是为了代替真实的自我形象，他就会按照自己理想中的形象，在心中重新创造一个自我形象。在这个理想的形象中，冲突的每个部分都被粉饰成了一个多样人格的不同组成部分，再也看不出来有冲突的样子。很多神经症问题，我们之前其实并不了解，自然也没办法分析，还有两种神经症倾向没办法划分类别，在进行了这个尝试之后，这些问题全都解决了。想要变得完美现在转变成了努力朝着理想化的自我形象而努力，想要得到别人的夸奖，其实就是想让自己的理想化形象得到别人的认可，别人的夸奖到底能不能满足我们的需求，还要看我们的理想化形象和现实到底有多大的差距，差距越大，难度就越高。这种理想化形象，会深深地影响到完整的人格，所以它对于平息冲突来说，可以算是最重要的实验。但是，一条新的内心裂缝却被它制造出来，所以，必须要继续进行修补。

第四种尝试就是修补曾经偷偷将其他冲突掩盖的内心裂缝。有时候，患者会把自己内心的活动，当成在自我之外发生的事件，这是因为他们利用了我口中的“外化作用”这个过程。外化作用会让原本和理想化形象只有很小差距的真实的自我，完全变成另外一副样子。另外，一种新的冲突又被它制造了出来，或者说原本就存在的冲突被它无限地放大了，这种说法更准确一些，其中被放大的程度最大的，就是自我和外界之间的冲突。

我在上面列举的四种尝试，就是患者为“平息”冲突而使用的办法。一方面，在各种神经症中，它们都发挥着作用，只不过程度不同而已；另一方面，人格也因为受到了它们的影响，而产生了很大的变化。当然，这四种方法并不是全部的方法，只是只有这四种方法具有普遍性意义，其他的方法并没有。比如心中有疑惑，就可以用自以为肯定正确的态度来进行平息；比如内心世界出现分裂之后，就可以用绝对控制这种单纯的意志力，来强行将其结合起来；再比如冲突和理想有关系时，患者只要拿出逢场作戏的态度，对所有价值都表示漠视，就能消除这种冲突。

原本，我对这些还没有得到解决的冲突所造成的后果并不了解，但现在我知道了，包括产生各种各样的恐惧、虚耗精力、摧毁道德和信仰、对纠缠的感情感到异常失望等。

偏向于虐待确实有一定的意义，我也是在彻底了解患者失去所有希望的状态之后，才明白这一点的。我现在也知道，那些患者是因为对自己失去了信心，所以才想到假装通过替代性生活试着去解决冲突的，他们想要得到的，就是那种报复性胜利，从他们在虐待行为中表现出的态度上，就能够看出这一点。所以，我觉得，从只是执拗地想要在更宽广的范围内表现自己，所以才产生了对破坏性利用的需求来看，这和单独的神经症倾向没有任何关系。对于这类人，我们暂时称之为虐待狂，因为实在是找不到一个更准确的词语来称呼他们。

一种以亲近他人、抗拒他人、疏远他人这三种态度之间的基本冲突为动力学中心的神经症理论，就这样出现了。为了解决这些冲突，患者从开始就付出了自己最大的努力，这是因为他需要保持自身的完整功能，不愿意遭受人格被分裂的痛苦。他确实可以人为地制造出一种平衡，但是，新的冲突一直在不断产生，想要解决这些新的冲突，他就必须不断去探索新的解决办法。神经症患者为了不被分裂，必须要做一些事情努力保持整合的状态，这就让他们变得更加有敌意、更加绝望、更加恐惧、更加远离自己和别人，最终的结果是病情更加严重，想要将冲突真正解决掉，也变得更加困难。最后，患者的失望情绪会变得越来越严重，为了得到自己想要的补偿，就只能继续虐待行为，然而，在这个过程中，失望情绪也在不断增长，新的冲突自然就产生了。

神经症的发展和它所造成的性格结构，最后造成的就是这种情况，让人很是懊恼。我为什么在这种情况下还称我的理论是更好的理论呢？首先，很多人乐观地认为，只要用很简单的方法就能治好神经症，这并不符合实际情况，而我的理论恰好推翻了这种想法。当然，说想要治好神经症非常复杂，这样悲观也是不对的。我的理论不但弄清楚了神经症的复杂性和严重性，还提出了有助于缓解嵌在冲突中的积极的、乐观的观点，也能帮助我们努力在实践中将这些冲突彻底解决，使我们能更有效地整合人格，所以我才说我的理论是更好的。神经症患者试着自己解决冲突是不切实际的，很可能会出现不但解决不了冲突，反而还伤害到自己的情况，神经症冲突是没有理性的解决办法的。但是，如果能将人格中造成这种冲突的状态进行改变，或许能够解决这些冲突。一个人的绝望、恐惧和敌视等感受都可以因为分析而得到降低，和其他人与自己的疏离程度，也能因为分析而变小。所以，如果分析工作做得好的话，这些状态都能够得到改变。

在弗洛伊德看来，人是注定要承受痛苦的，最后也都会被毁灭，同时他也不认为人性是善良的，更不看好人类的发展前途，所以他对神经症及其治疗情况也并不看好。人类虽然是在本能的驱使下行动的，但这种本能基本上只能被支配，最多被提高。但是我觉得，每个人都希望通过提升自己的潜能让自己变得更加优秀，人也都有能力做到这一点，对此我深信不疑。不过，潜能并不会一直保持，如果有东西不停影响他和别人或是他和自己的关系，他就可能会失去自己的潜能。理解得越深，我就越是坚信，活在这个世界上的人都能够不停地改变自己。

# 第一部分

# 神经症冲突和试着去解决

# Chapter 01 第一章

# 激烈的神经症冲突

有冲突并不等于得了神经症，这一点我首先要强调一下。在我们的生命中，绝对不会缺少内心的冲突，就比如生活中，我们的梦想、乐趣和看法，经常会和周围的人出现对立的情况。生命中会出现内心的冲突这种情况，其实和我们经常与环境产生冲突是一个道理。

动物的本能，决定了动物的大多数行为。它们并不是想做交配、哺育后代、寻找食物和防御等事情，就能做这些事情，这些东西很多时候都已经被决定了。只有人类能够做出选择，这是人类的特权，但也是人类的负担，因为人类必须要做出选择。我们的愿望有时候可能是完全相反的，比如我们想要有人陪伴却又不希望被打扰，再比如我们想要学习医学却又不想放弃音乐，这时候，我们就要做出选择。或者，我们必须要做的事情，可能并不是我们想做的事情，比如我们必须要帮助那些有困难的人的时候，我们最想做的事情，可能是和爱人待在一起；我们也可能不知道该怎么做，明明心中很反对的事情，却又必须要同意别人的想法。又或者，有两种相反的价值观摆在我们面前，我们却不知道该如何选择，比如在战争期间，到底是去当兵打仗，还是留下来照顾家庭，就是一个非常艰难的选择。

我们所处的文明，决定了这些冲突的种类、范围和程度。如果这种文明传统保持不变，那么个体产生的冲突就会非常少，可供选择的种类自然也不多。不过，冲突并不会因为这个原因就完全消失。两种不同的忠诚很可能是相互矛盾的，而个人的愿望和集体的义务，也可能是相互矛盾的。但是，相互矛盾的价值观和完全不同的生活方式，在文明的快速转型期是可以共存的，在这个时期内，人们有无数个可供选择的对象，但真想要做出一个选择，却并不容易：在想法上，他既可以有自己独特的想法，也可以跟随大部分人的想法；在生活上，他既可以独自生活，也可以融入某个集体；对于成功，他既可以羡慕，也可以无视；对于孩子，他既可以进行严厉的教育，也可以不管不顾；对于男人和女人，他既可以用不同的态度来对待他们，也可以用相同的态度来对待；对于两性关系，他既可以认为是情感的外显，也可以认为是单纯的欲望；在种族问题上，他既可以看不起其他种族的人，也可以认为种族并不影响人的价值。这样的选择还有很多。

这类选择是生活在我们这个文明中的人必须要经常面对

的，这一点不容置疑，所以，在这方面有冲突发生，也是一件很正常的事情。可是大多数人在面对这些冲突时，总是会被意外的事件所控制，别人怎么做，他们就怎么做，在被拉进矛盾当中后，根本就没弄清楚发生了什么，也没有自己的观点，只会忍不住做出让步。这就说明，对于这些冲突，他们根本就没有发现，更没有任何解决这些问题的方法，甚至连想都没想过。我在这里说的都是没有患神经症的人。

所以，想要发现矛盾，并找到解决问题的办法，我们首先要先知道自己想要的是什么，这还不算什么，更重要的是要知道，我们到底有什么样的感情：比如对于某个人，我们到底是真心喜欢他，还是因为觉得应该喜欢他，就觉得自己真的喜欢上他了？面对去世的父母，我们所表现出来的痛苦，到底是发自内心的，还是习惯性如此表达？我们想要成为一名医生或是律师，到底是真喜欢这样的职业，还是看重了这些职业的收入和社会地位？我们总说希望孩子能幸福，能独立，到底是真心想做到这一点，还是在外人面前随便说说？我们自己的真正感情和需求看似简单，事实上，我们根本就不知道到底是什么。

想要看清冲突，建设出一个健全的价值观是最先要做的事情。这是因为冲突的产生，大多是受到观念、信仰和道德观的影响。只有我们自己的价值观，才能引起冲突并指引我们做出决定，别人的价值观是不会对我们产生这种影响的。当我们接受了新的观念之后，我们很容易就会用新的价值观来代替原有的价值观。如果我们单纯地把别人的价值观当成我们自己的用，那么，就不会有关系到我们自身利益的冲突出现了。比如，有一个父亲的心胸并不宽广，但是他的儿子却从来都不这样认为，所以，当这个父亲安排了一份儿子并不喜欢的工作让他去做时，儿子的内心就不会因为抗拒这份工作而产生冲突；一个男人明明已经结婚了，却又爱上了另一个女人，这时候的他，就已经陷入冲突当中，他此时不知道该怎么面对婚姻，自然也就不能针对冲突做出决策，只能找一个最简单的办法来解决问题。

就算我们了解了这样的冲突，也需要把两个冲突中存在争论那个放弃掉，我们必须要这么做，一定不要舍不得。然而，我们的感情和信仰是交织在一起的，所以，很少人真正能够保持一个清醒的头脑，并能自愿放弃存在争论的那个冲突。大家之所以不愿意安心地放弃冲突，很可能是因为这些人在安全感和幸福感方面都有所欠缺。

任何决定都有错误的风险，所以一个人做决定必须有一个前提，那就是愿意对自己做的决定负责，愿意承受错误的决定所带来的所有后果，不怨天尤人，还有就是要有能力对自己做的决定负责。他可能会想：“这个决定是我自己做的，和别人没有任何关系。”他必须要具有我们大多数人都没有的内在的力量和独立性。

那些一点都不受冲突影响、做什么都非常顺利的人，无疑是我们这种因为冲突而产生很大压力的人，既妒忌又佩服的对象。当然，我们确实有理由佩服他们，这一点，就算我们不愿意，也必须要承认。那些人可能有了完整的价值观，所以冲突基本上不会影响到他们的成长，自然也不用急切地去做一些决定，这样让人看着就有一种强者的那种镇定自若的气度。然而，我们所看到的镇定很可能都是一些假象或是表面现象，那些我们佩服的人，其实也是随大溜儿的人或是通过小聪明得到一些好处的人，因为他们很多时候都不是用自己的能力和信念去真正地、主动地解决冲突，基本上靠的都是冷淡、服从或者是撞大运。

主动去体验冲突，确实有可能会让人觉得很难过，但这却是一种才能，而且非常珍贵。想要让自己的内心获得更多的自由以及更强大的力量，就必须要在遭遇冲突时，拿出勇气去面对它，同时尽量去寻找解决办法。勇气越大，自由和力量来得越快。只有当我们愿意承受打击时，我们才能有希望成为自己的主人。虚假的冷静植根于内心的愚钝，绝不是值得羡慕的，它只会使我们变得虚弱而不堪一击。

如果生活中充满了冲突，那不要说解决，就算是去面对都很困难，但是我们却不能选择回避，因为我们还要活下去。对我们认清自己和建立自信帮助最大的就是教育。生活，需要有一个奋斗的目标，也需要有一条正确的道路，想要找到它们，就必须首先去理解和选择有关的所有要素的意义①。

神经症患者很难认识和解决冲突。这里要说明一下，我所说的“神经症患者”是指那些“确实可以称得上是有病的人”，毕竟每个神经症患者的程度都是不一样的，这种人基本上感觉不到自己的感情和欲望，不过当自身的弱点被他人击中时，他们会很明显地产生害怕和愤怒的感觉，只不过他们很可能会压制这种感觉。确实有这种类型的神经症患者，他们自己找不到方向，更没有决定方向的能力，这都是因为他们受强制性标准的影响过深。患者因为受到强制性倾向的支配而不敢放弃任何东西，也不敢对任何东西负责②。

很多让正常人产生忧虑的普遍性问题，也在神经症冲突范

---

① 请参阅哈里·爱默生·富司迪的著作《做真实的自己》，里面有关于屈服于外加压力如何使自己变得愚笨、迟钝的描述。——原注

② 请参照本书第十章“人格衰竭”。——原注

只有当我们愿意承受打击时，我们才能有希望成为自己的主人。虚假的冷静植根于内心的愚钝，绝不是值得羡慕的，它只会使我们变得虚弱而不堪一击。

围之内，只是在种类上，这些问题有着很大的区别。针对两种不同的东西竟然用一个术语来表示，很多人都觉得并不合适。不过我却认为，如果我们清楚地了解他们的区别的话，这样做没什么不妥的。那么，神经症冲突到底有什么特点呢？

有一个并不复杂的例子。一位和别人一起研究机械设备的工程师，时不时就会感觉疲惫和暴躁，这让他备受折磨。有一次，下面这个事情又引发了他的毛病。那次，他同事的方案在技术问题讨论会上得到了通过，他的方案则被毙掉了。而后，在他不在场的情况下，大家又做出了一个决定，根本就没有给他任何机会发表自己的看法。原本，他可以在这种情况下做出两种平衡性反应，一个是努力维护自己的权益，毕竟程序不合理，他属于受害者，还有一个就是对大家的意见表示赞同，但是这两种方法他都没有选择。被人这样无视，他觉得生气，也很愤怒，只是他的愤怒出现在了梦中，现实中没有任何抗争的行为。他愤怒的对象，既有别人，也有软弱的自己，而他那疲惫和急躁的感觉，正是来源于这种被他自己压制的愤怒。

这位工程师是因为受到很多因素的共同影响才没有做出平衡反应的。在他看来，自己是一个很厉害的人，不过，他只有在感觉到别人的敬重之后，才会觉得自己很厉害。在他看来，

“我是这个专业领域中最聪明的人”，他的所有的行为都是以这个想法为出发点的，是没有意识的，这是他的“底线”，他会因为被人看不起而怒不可遏，就是因为那触碰到了他的底线。不但这样，他还总是用一种过度友好的态度来掩盖一种他很讨厌的态度，就是他总是忍不住想要指责和辱骂别人，这说明，他有一种虐待倾向，这也是一种无意识的行为。另外，还有一个原因促使他要在别人面前保持良好的风度，那就是他总是想要利用别人来达成自己的目的，这是一种无意识的内驱力。此外，由于感情和赞扬是他很需要的东西，再加上他对待别人时又习惯性地谦让、忍耐和服从，使得他对别人的依靠更加严重，就这样，冲突产生了：一方面是他随时可能爆发的愤怒和虐待冲动所带来的攻击性，这种攻击性会产生破坏作用；另一方面就是努力把对感情和赞扬的需要变得公平合理，起码他自己是这么认为的。结果，表现在人们面前的就是疲惫和精神差，而不是心中的激荡情绪。

观察一下我们就会吃惊地发现，和这个冲突有关的各个因素没有任何相同的地方——比如有一个最极端的例子，就是某个人既盛气凌人地要求别人尊敬自己，又要去讨好和逢迎别人。其次，工程师一直都没有意识到冲突的存在，至于在冲突中起主要作用的矛盾倾向，他同样也没有意识到，甚至被他深深地压制着，他的情绪很正常，所以他表现在外面的心中的纠结，只有一点点：他们的方案都没有我的方案好，所以他们不应该无视我的存在。最后，冲突的两种倾向都是强制性的，从理智上来说，他知道他对自己的要求有点过分，也知道不应该过分依靠别人，但是这都是他的主观愿望，他根本就没办法改变。除非通过大量的分析才能改变它们。两种不受他控制的强制力量包围了他：这些东西是他内心最急迫的需求，所以他没办法忽略，但是他真正需要的却并不是这种需求。他看不起那些利用别人的人，也看不起那些服从别人的人，所以他不愿意这样做。这个例子能让我们更加了解神经症冲突，也告诉我们没有任何决定是可行的，可见，这个例子的意义很深刻。

还有一个例子，和这个是差不多的情况。有一个自由设计师偷了他好朋友一些钱。他确实需要钱，可是如果他去借的话，他的朋友一定会借给他的，反正也不是第一次了。况且，他这个人很要面子，也很重视友谊。所以，对于他这个行为，外人不但不理解，甚至可以说是很吃惊。

他之所以会做出这个行为，是因为下面的冲突。他做这种行为，既是为了保证自己处于控制的地位，又想要得到别人的感情，简单点说就是想利用别人，然后好处全自己拿，这其实是一种无意识的倾向，这表明他希望别人在任何时候都能照顾他的感受，这是一种对于感情的异常需求。他那软弱的自尊心告诉他，不能接受别人的帮助，但事实上，接受别人的帮助是他的愿望。在他看来，自己接受别人的主动帮助，对方应该感到光荣，而自己主动请求别人的帮助，是自己的耻辱。对于自己的任何需要，他都不愿意承认，也不愿意欠别人的情分，所以，他不喜欢向别人提出任何请求，这是因为他很希望得到自由和独立。所以，别人的施舍，他无法接受，不论想要什么，都会自己想办法去获取。

相比于第一个例子，这个冲突有很多不同的地方，但本质上都是一样的。所有的神经症冲突，都不是患者能自己解决的，这是因为，所有的神经症冲突的冲突驱力的本质有无意识性、强迫性和不兼容性。

在冲突的两种倾向的距离上，正常人要远远小于神经症患者，这是一条明显的分界线，也是两者的主要不同点。简单点说，正常人的冲突的两种倾向之间的角度是锐角，最多达到直角，而对于神经症患者来说，这两种倾向很可能在一条直线上。正常人是在一个统一的人格框架之内，来选择两种行为模式之间的一个，不管选择哪一种，都不能说是错误的。

此外，在意识程度上，这两者也并不相同。正如索伦·克尔凯郭尔说的那样：“我们不能用一些抽象的对比来描述真实的生活，比如完全无意识的绝望与有意识的失望之间的对比，就没有任何意义，因为真实的生活从来都不是单一的。”或者可以这样说：我们能感觉到正常范围内的冲突，对于神经症冲突的主要因素却没有任何感觉。神经症冲突患者想要感觉到冲突的存在，就必须要征服巨大的阻力，这是因为神经症冲突的主要倾向被压制得死死的，但正常人可能只需要一点点的启发，就能感觉到冲突的存在，哪怕在此之前根本就没发现冲突的影子。

最后，对他来说，正常的冲突可能是在两种都想要得到的可能性之间做出选择，也可能是在两种都不想放弃的想法之间做出选择，虽然做一个选择很不容易，甚至还要放弃一些东西，但要让他做出一个合理的选择，还是没有问题的。而重度神经症患者则受到两种相反方向的强迫力所支配，可这两个方向却都不是他想的，所以想让他自由做选择是不可能的。他像是被束缚在那里一样，只能停下自己的脚步。想要改变这种情况，只能将自己与自己以及自己与他人的关系进行改变，并对神经症倾向做很好的处理。

为什么神经症冲突会这么激烈？上面这些因素已经把答案告诉了我们。它们在人们心中产生的那股破坏性力量，既让人感到害怕，又让人感到绝望。想要了解神经症患者为缓解冲突所做的努力和尝试，就必须要认识并记住上面的因素。事实上，神经症冲突的主要内容，就是患者为缓解冲突所做的努力和尝试①。

① 我在本书中引用的“缓解”（solve）这一术语，是指神经症患者用以消除内在冲突所做的尝试。严格来说，患者无意识地否认冲突的存在，因此，他的努力并没有“解决”（resolve）他的目的。患者的无意识努力，只是为了“缓解”问题。——原注

# Chapter 02 第二章

# 基本冲突

一般来说，人们都知道冲突在神经症中起到一定的作用，但绝对想不到它会起到那么大的作用。因为神经症患者基本上都不认同冲突的存在，加上这些冲突主要存在于无意识当中，所以，这些冲突都很难被发现。那么，冲突都是通过哪些线索，展现在我们面前的呢？有两个很突出的因素可以证明冲突是真实存在的，这一点在前一章举的两个例子中都有所表现，其中一个引起冲突的因素就是最终产生的症状，这一点在两个例子中分别表现为疲惫和偷盗。事实上，所有的神经症症状，都是直接冲突或间接冲突所造成的结果，这就说明，只要出现神经症症状，不管是什么样的症状，都证明冲突是存在的。人们出现忧虑、苦闷、犹豫、懒散、寂寞等情绪，其实都是那些还没有被解决的冲突对人们施加的影响，这一点我们慢慢就能够看到。理解了因果关系之后，虽然不能让我们了解到其源头的本质，但起码能让我们的注意力透过杂乱的表象看到它的根源。

相互矛盾是冲突存在的另一个标志性表现。比如第一个例子中的工程师，明明知道自己遭受了不公正的待遇，却并没有对那件错误的事件提出反对意见；再比如第二个例子中的那个人，明明很看重友谊，需要钱的时候却到朋友那里去偷。这种相互矛盾的表现，在那些没有经验的观察者看来，是非常明显的，就算是患者自己，有时候也能明显地感觉到，但更多的时候，患者是不会发现这种情况的。

体温升高，说明人生病了，同样，相互矛盾也一定是冲突存在的标志。我现在就可以举出一些自相矛盾的例子，都是一些常见的事件。比如一个非常想结婚的女孩却不能接受任何男人对她表达的爱；一位母亲很宠爱孩子，但是对于孩子的生日，她却总是记不住；一个对自己很抠门的人，在外人面前却出手大方；一个人很喜欢清静，却不愿意单独待在某个环境中；一个人，对待自己很严酷和刻薄，在对待别人时，表现出来的却都是包容和忍耐。

相互矛盾对于我们探索冲突的本质，有很大的帮助，这一点，和症状并不相同。比如，一个人有很严重的烦恼，说明这个人正处于进退两难的环境当中，但如果是一位母亲，她明明很宠爱自己的孩子，对于自己孩子的生日，却总也记不住，这种情况下，我们完全可以说这个母亲的关注点并不是孩子本人，而是怎么样当一个好母亲。那么冲突的双方，一个是她想要当一个好母亲的理想，另一个是她想要让孩子经受挫折的无意识虐待倾向。

我一直说“神经症冲突是无意识的”，但有时候，我们会明显感觉到冲突的真实存在，没有任何隐藏。表面看起来，这两种情况似乎相互矛盾，但实际上，那些没有隐藏起来的冲突，只不过是歪曲或变形了的真实冲突。所以，当某个人在必须要做一个重要的选择时，虽然可以选择回避，但更大的可能是深深地沉迷到一种有意识的冲突中，自己根本就解脱不出来。到底要不要结婚，到底是和哪个女人结婚，到底要选择哪一份工作，到底要不要继续保持和别人的合作关系，这些事情让他有些犹豫，又有些动摇，根本就不知道怎么选择，更没办法做任何决定。苦恼的他为了弄清楚自己的问题，很可能会去寻求心理分析师的帮助。然而，他现在的冲突，只不过是内心冲突积累到一定程度之后的爆发，想要解决问题，必须要继续探索下去，找到隐藏在背后的冲突才可以。所以，此时求助，他注定要失望了。

如果患者发现了自己与周围环境的矛盾，就表示他已经意识到了冲突的存在，这表明，内心的冲突已经开始表现在外面。一个人还有另一种可能会发现自己内心的冲突是由更深层次的原因造成的，那就是总是在自己的愿望上感觉到一种莫名其妙的害怕和郁闷，感觉特别矛盾。

那些导致神经症外显症状、相互矛盾和表面冲突的矛盾因素，越是出现在我们熟悉的人身上，我们就越容易发现这些因素。不过有一点我需要补充一下，由于在这种情况下矛盾的种类和数量都增加了，人们可能会感到更加疑惑。很正常，我们就会问：会不会有一个作为所有冲突根源的基本冲突，就躲藏在这些冲突的后面？对于冲突的结构，我们可以借用一段不融洽的婚姻来进行分析吗？由于这段婚姻本身就不融洽，导致很多和孩子、朋友、金钱、吃饭等有关的分歧和争论出现在了婚姻生活中，但从表面上看起来，这些分歧和争论没有任何关系。

人们从很早开始就坚信，人格中是有基本冲突存在的，不论是在各种宗教中，还是在哲学中，这种观点都有很重要的作用。这个观点主要表现为光明与黑暗的对立、上帝和魔鬼的对立以及善恶之间的对立。在现代心理学中，这一点和其他很多方面的创新性理论研究，都是由弗洛伊德提出来的，在他看来，盲目探求满足的本能驱力，与家庭和社会形成的危险环境之间的冲突，就是基本冲突，这是他的第一个假设。从人们很小的时候开始，危险的环境就已经内化到了人的人格当中，在此之后，它就只会以超我的形式出现，很是吓人。

这是一个很郑重的假设，我们要是讨论的话，就必须要详细论述一遍所有反对力比多理论的观点，这显然是不合适的，所以就不要去管弗洛伊德的理论前提了，有那时间，还不如直接去了解这种观点的本身含义，哪怕只是尝试。这样的话，观点就只剩下了一个：使我们产生各式各样的冲突的根本原因，就是最初的利己驱力和良心之间的对立。我觉得，在神经结构域中，这种对立（或者是我眼中和这种对立没什么区别的东西）确实占有重要的地位，这一点和其他人的观点一样，但关于它的基本属性的问题，我却有自己的看法，这一点将在下面进行说明。我认为，在神经症的发展过程中，其主要冲突中必然会表现出一种继发性。

在我看来，神经症患者那严重的心灵分裂情况，与所有因为欲望和害怕的对立而产生的冲突都没有任何关系，也不觉得他有毁坏一个人的生活的能力，这就是我为什么会产生这种不同看法的原因，当然，这只是其中一点原因，至于其他的原因，后面我会详细说明。从弗洛伊德假设的那种精神状态来看，如果不是因为害怕，神经症患者还是有能力去为了达到某个目标而奋斗的，也会为此而努力。我觉得，神经症患者的所有愿望都是碎裂的，也都是对立的，这使他们不再能全身心地投入到对某种事物的争取当中，于是，冲突产生了。这时候的状态的复杂程度，要远远超过弗洛伊德所设想的那种情况。

虽然我眼中的基本冲突，要远比弗洛伊德眼中的基本冲突的破坏性更大，但是我觉得，最终解决可能性矛盾还是很容易的，不过，弗洛伊德却远没有我这样乐观。弗洛伊德觉得，面对广泛存在的基本冲突，我们唯一能做的，就是更好地协调或更好地控制自己，因为从原则上来讲，基本冲突是无法解决的。但是我觉得，先不说最先出现的到底是不是神经症的基本冲突，就算这种冲突真的出现了，也完全有可能解决，虽然这个分析过程确实很困难，但只要患者能承受得住这种困难，并愿意付出努力，就没有任何问题。我的观点之所以和弗洛伊德的观点不同，是因为我们的出发点不同，所以得到的自然是不同的结果，也就是说，这并不是单纯的乐观和悲观的区别。

在哲学上，关于基本冲突的问题，弗洛伊德的回答很有吸引力。但是，不说他思想中的各种暗示，单说他的生死本能的理论，也可以归结为一种冲突，冲突的双方分别是人类的建设性力量和人类的毁灭性力量。在弗洛伊德看来，这两种力量的融合方式更吸引人一些，至于它们和冲突之间有什么关系，他并不觉得有什么关系。比如，在他看来，是因为性本能和破坏本能相结合，才出现了虐待驱力和受虐待驱力。

在冲突的研究中，只有先将道德观点引入进来，才能顺利运用我的观点。但弗洛伊德极力建设的心理学，却和道德观点没有任何关系，因为他觉得，道德观点和科学领域是完全不相同的东西。我觉得，弗洛伊德的理论及以此为基础而延伸出来的治疗方法，之所以都处在一个很小的范围之内，就是因为他的努力都是以对“科学的忠诚”为方向的。虽然他已经在这个领域中进行了大量的研究工作，但他还是失败了，因为他没有搞清楚神经症到底受到冲突怎样的影响，这或许就是因为他这种努力所造成的。

对于人类的相互冲突，荣格也非常重视。荣格认为，所有的元素都是伴随着它的对立面而共同存在的，这是他根据个体身上存在的多种矛盾总结出来的规律。表面上软弱的人，内心一定是坚强的；看起来外向的人，其实非常内向；看起来一切以思想和理智为行为标准，但实际上，情感才是心中最重视的东西。从这里可以看出，在荣格看来，神经症患者的最基本特征就是冲突，不过在他的理想中，两种对立面似乎有一种完美的状态，全都能被接受，所以他在之后表示，这些对立面是互补的，并没有任何冲突。荣格在他的“互补法则”中表示，在他看来，只有那些对某个方面过度重视的人，才会陷入困境当中，进而成为神经症患者。在一个完整的人格中，确实会表现出一些相互补充的对立倾向，这一点我也承认，但是我觉得，这些被患者一直坚持的因素，其实就是患者用于解决冲突的各种实验，也就是说，是神经症冲突引发了这些因素的产生。比如，如果我们把一个平时从来不关注别人、只在意自己的想法和感觉并内向不爱说话的人的这种行为，当成是正常的行为，就是把这当成是由机体素质所决定并被经历强化过的行为，那就表示荣格的推断的正确性，想要治好，需要按照下面的步骤进行：先要告诉患者，他是有“外倾”倾向的，只是被隐藏起来了而已，随后将偏向于某一种倾向可能造成的恶劣后果全告诉他，并鼓励他，将这两种倾向全部接受并全部应用到自己的生活中。但是，如果我们觉得患者躲避冲突的行为是源于他的内倾倾向（我其实更愿意说这是神经症孤独倾向），那么我们首先要做的，就是把隐藏在内倾外表下的冲突告诉他，而不是劝他外倾。想要接近“自我完整”这个目标，就必须要将这些冲突解决掉。

现在，我要开始讲述我的观点。在我看来，一个人在面对别人时，感觉很矛盾，就会出现神经症的基本冲突。我们先来回想一下“化身博士”的故事再来详细讨论。作者在这个故事中用戏剧化的形式将矛盾表现了出来：海德先生既是一个冷血、残暴、只注重自己利益的人，又是一个热情、敏感、总是同情别人和帮助别人的人。他这就是典型的神经症分裂症状，当然，我并不是想说他的症状能代表所有这种患者的情况，我只是想说，根本性的矛盾总是能在患者对待别人的态度中表现出来。

在一个隐藏着敌意的世界中，患病儿童会有一种孤独和无助的感觉，我管这种感觉叫“基础焦虑”。想要知道根本性的矛盾为什么会表现在患者对待别人的态度中，我们就必须先讨论一下这个概念。孩子不安的感觉可能来自于外界环境中很多的不利因素，比如：教育，不论是直接的还是间接的；冷淡；不冷静的行为；孩子提出了需求，但没有得到重视；父母吵架，逼着孩子站队；偏向；看不起；欺骗；孩子感觉到了敌意等。

孩子们是能发现隐藏在环境中的伪善的，这一点需要家长注意，当然，也只有这一点需要特别提醒家长一下。孩子们可能会觉得父母的爱是假的，也可能会觉得他们所做的慈善活动是假的，还可能会觉得他们的诚信和大方等是假的，事实上，在这些行为中，孩子们只能确定有一部分确实是假的，更多的都是孩子们的一种下意识的反应，因为他们发现父母的行为是矛盾的。造成这种情况的因素对孩子到底有着怎样的影响，就连分析师也没办法快速弄清楚，因为这些因素不但总是一起出现，还不都是暴露在外面的，有一些很隐蔽。

这些状况让孩子们有些心慌，因而产生了烦恼，甚至是质疑和害怕。为了面对自己所处的环境，为了在这个恶毒的世界中继续活下去，他们开始无意识地用自己的方式来面对这个世界，不断地探索各种各样的应对办法。他们发展的不仅仅是应对策略，还有在人格中占有一席之地的性格倾向。而这些倾向就是我所说的“神经症倾向”。

只有广泛地观察孩子们在这些情况下可能选择的或真正选择的行动，我们才能了解到冲突形成的原因，只是单纯地在观察个体的趋势上花费更多的注意力，没有任何意义。关于行动的细节，我们可能暂时没办法了解，但孩子们为了应对外界环境所采取的态度，我们却可以看得一清二楚。我们开始看到的可能是一些比较混乱的情况，但渐渐地，有三种情况会越来越清晰地展现在我们眼中：孩子会亲近他人、抗拒他人或疏远他人。

孩子们虽然是带着距离感和畏惧感来亲近他人的，但认识到自己孤立无援的他们，是很希望让别人喜欢自己并给自己找到依靠的，因为只有这样他们才能放心地和别人在一起，所以他们愿意朝这个方向努力。在家里面出现争吵情况的时候，他们会快速寻找归属感和支撑感，以免像以前一样产生孤立无援的感觉，为此他们会选择对自己有利的一方进行支持。

在孩子们看来，如果他们从周围环境中感受到了敌意，就一定会出现有意识或无意识的反抗情况，这是自然而然的事情，这时候孩子就会抗拒他人。他们总是对别人的感情和目的抱有怀疑态度，并会想尽一切办法进行反抗，但事实上，他们没有任何证据。为了保护自己，也为了报复别人、打败别人，他很希望自己能变得更强大。

当孩子觉得自己很特别、没有人能理解自己的时候，就会开始疏远他人，这时候的他，既不想归附别人也不想反抗别人，只希望自己一个人待着。他会待在属于他自己的世界中，一个他自己用书籍、玩具、梦想和大自然所建设出来的世界。

孤立无援、敌视和孤独，是这三种态度中着重强调的三种倾向，它们都属于焦虑的范畴。事实上，在每一种态度出现的过程中，都会出现这三种倾向的影子，只不过占的比重不同而已，所以，就算孩子自己，也不能只表现出这三种态度中的一种。

想要充分理解我上面所说的这点内容，我们可以直接来说一说神经症的充分发展这个话题。大家可能都看过某些成年人很显著地表现出了上面那三种态度中的一种，然而在这个时候，其他倾向也仍旧在发挥着自己的作用，我相信这一点大家也看到了。比如，我们可能会发现，虽然一个人看起来很孤独，似乎很想找个人服从和依靠，但是有一种攻击倾向也会从他身上表现出来；一个喜欢独处，明显和周围环境都保持一段距离的人，也会表现出服从的一面；一个因为充满敌意而单独住在某个地方的人，也很希望得到友情。

然而，实际做出的行为到底是怎么样的，主要是由占主导地位的倾向所决定的，这也是人们在面对别人的时候，最先想到的方法和手段。一个孤独的人，会完全不知道应该如何和别人相处，所以总会想尽办法和别人保持一个安全的距离，而这只不过是他的下意识反应而已。另外，一般情况下，最能被患者的意识接受的倾向，会起到主要的作用。

如果你觉得我这样说的意思，是说那些表现不明显的倾向基本上没有影响力，那就错了。比如，一个表面上表现出依靠和服从的人，其实也会有控制别人的想法，只是这种想法并不够直接而已，至于他到底是更想依靠别人还是更想控制别人，这就没人知道了。很多例子都表明，隐藏起来的次要倾向所具有的力量更大。这些例子中的主要倾向和次要倾向会发生逆转。这样的转变，不管是在成年人当中，还是在儿童当中，都有可能出现。最具有代表性的人物，就是英国小说家毛姆的小说《月亮与六便士》中的斯特里克兰德这个人物。同样，这样的转变也经常出现在女患者的身上：一个原本叛逆、野心勃勃的假小子，在恋爱之后，很可能就会放弃自己的野心，变成小鸟依人的淑女；一个原本和所有人都保持一定距离的人，很可能会在遭遇重大变故之后，变得异常依靠别人。

这里需要补充一下，下面我们经常会遇到的这些问题，或许就可以用这样的改变来解释：成年以后的经历，到底是有用处，还是没有用处？过完了童年的我们到底还有没有改变的机会？对于神经症的发展，人们的普遍看法并不是最好的，我们只有从冲突的角度来看待这个问题，才能找到最适合的回答。比如，下面这种情况完全有机会发生：如果孩子在儿童时期受到的教导不够严厉，那么他的性格的形成，很大程度上会依赖于他后来的经历，特别是青春期的经历。如果孩子从儿童时期开始就只知道墨守成规的话，那么他的性格就没办法改变了，不论他之后会遭遇什么样的经历。一方面是他完全无法接受全新的体验，因为他实在是太呆板了，比如他那严重的孤独倾向可能使别人根本不敢靠近他，或者是他太喜欢接受别人的控制，因为依靠别人的思想已经根植于他的大脑当中；另一方面，就算面对新的事情，他也总是用老眼光去看待，一般来说，这种人的老眼光会在遇到新的事情时得到加强，比如喜欢攻击别人的人，总是会觉得对他好的人是傻子或者是有不可告人的秘密。进入青春期或成人期之后的经历，确实能改变一个人的性格，但这种改变并不明显，所以当一位神经症患者表现出和以往有很大区别的态度时，事实上已经走向了另外一个极端，原因是在内外的双重压力之下，不得不把先前占主导地位的倾向放弃。当然，这种改变发生的前提是冲突从最开始就是存在的。

按道理来说，这三种倾向不相容的现象是不应该发生的，三者完全可以保持平衡、和谐甚至是互补，要知道，一个人完全能做到照顾别人的感受，也能做到坚持自己的原则，就算是不和任何人交往也没有什么问题。只有在某个方向上的程度发展过高才会出现某种倾向起主要作用的情况。

神经症中有很多证明这些倾向不相容的证据。在面对外界时，神经症患者从来都不考虑环境，只会被迫去考虑到底是服从、反抗还是回避，根本就不会变通，甚至会因为使用其他方式行动而产生恐惧感。所以，自身三种倾向同时变得猛烈会让他置身于强烈的冲突当中。

就好像身体的各个器官会逐渐被恶性肿瘤细胞感染一样，患者的整个人格也会逐渐受到上面的各种倾向的影响，也就是说那些倾向并不会被限制在人际关系当中，这就使得冲突的范围变得更广泛。到最后，不仅是患者和他人的关系会被这些倾向所控制，就算是患者和自己甚至是和生活的关系，同样也无法摆脱这些倾向的支配。冲突所造成的结果并不是绝对的矛盾，比如爱与恨、顺从和反抗、服从和对抗等，但想要认清这一点，我们就必须要认清这种支配的所有特性，要不然的话，我们就会走上错误的道路。比如，我们不能因为法西斯主义和民主制度对待某个问题有不同的态度（比如对宗教或权力有不同的看法），就说它们是不同的。要知道，民主制度和法西斯主义是两种完全相反的哲学，单纯地强调不同的态度，是很容易忽略这一点的，况且，不同的态度之间也并不是相同的。

一个因为我们和他人的关系而产生的冲突，到最后必然会对我们的人格产生影响。我们性格的塑造、人生目标的制定以及信仰价值能否实现，都和人际关系有很密切的联系，所以它是非常重要的。当然，这些和人际关系联系很密切的因素也很重要，可以说它们和人际关系是一种相辅相成的关系，因为它们会反过来影响我们的人际关系①。

我认为神经症的核心就是基本冲突，即因为矛盾的态度而产生的冲突。补充一下，我是为了着重表明它是神经症的中心点，并且它是很重要的，所以才使用了“核心”这个词语。神经症的新理论的内部核心，就是这个观点，这个观点的主要论点就是人际关系混乱就代表得了神经症，从广义上来说，这可以看成是对我的以前的观点的补充。至于具体的含义，会在后面一一进行说明。

---

① 既然不能分别对待神经症患者对他人的态度和对自己的态度，显然很多神经症疗法刊物中所持的一种观点是错误的，也即我们对自己的态度和对他人的态度，这两者中必有一种在理论和临床实践上更加关键。——原注

# *Chapter 03* 第三章

# 亲近他人

基本冲突是不会以单独的形式出现的，原因在于神经症患者为了防备基本冲突的破坏性效果而建造了一条防线，这就使得基本冲突被隐藏了起来，并被隐藏得很深，根本没办法看清楚。结果，表面上留下的并不是冲突本身，而是那些为了解决冲突所进行的各种尝试。所以说，那些细小的差别都被病史遮挡住了，这种情况下，只关注病史的细节自然没办法看到问题的本质，看到的都只是一些无足轻重的东西而已。因此，想要弄清楚基本冲突的问题，不能只看它在一些个体身上的表现。

另外，我还要更详细地完善在前面的文章中所做的论述。我们只有先研究清楚所有对立因素，最后才能了解基本冲突的本质，如果想获得成功，就只需要观察那些对自我的认同感更强的个体就可以了，就是那些由某一种因素起主要作用的个体。我特别将个体划分为三种类型，分别是顺从型、对抗型和疏离型，以便更容易解释[①]。那些人们更愿意接受的态度，是

① 在本书中“类型”一词是一种简化用法，即代表某种倾向特别显著的一类人。我虽然很想创建一种新的概念，不过这必须依附普遍性的理论基础。而在本书中，无论是本章还是后面的章节，我都不打算自创一种新的概念。——原注

我打算重点照顾的，至于那些被它遮挡的冲突，就尽量不去考虑了。我们发现，每一种类型中的某些需求、品德、敏感、郁闷、忧虑以及一些特殊的价值，都是由形成之后的基本态度所引起的。

这种做法有利有弊。首先，想要更清晰地看清那一系列态度、行为和信念等的功能和结构，必须要让它们显现出来，哪怕只能隐隐约约看到也好，而这些东西在我们选择研究的类型中表现得就比较明显。此外，从本质上来说，这三种态度是有很大区别的，我们想要找出这种区别，最有效的办法就是研究这些有代表性的症状。再来说说民主制度和法西斯主义的对比。民主制度和法西斯主义属于两种意识形态，并且它们之间有着本质上的区别，想要了解这种区别，我们先要做的是对法西斯主义进行大概的了解，这一点可以通过研究国家社会主义的相关著作和事件来进行，随后将它们和最具代表性的民主生活方式进行比较，不要最开始就把研究对象定为那种既信仰民主制度、又偷偷喜欢法西斯主义的人。有一些个人和群体，一直在想方设法在两种信仰之间找到平衡，了解两种信仰之间的差别，恰好能帮助我们了解这样的人。

第一种是顺从型人格。这种人格的人会很明显地表达出对喜欢和赞扬的需求，可以说所有“亲近他人”的特点，在他身上都有所体现，此外，他最需要的就是一位“能够控制他，也能帮助他判断对和错，还能让他生活中的所有希望都得到满足”的伙伴，至于这位伙伴的身份，不论是爱人、丈夫、妻子还是朋友，都没有任何问题。这些需求和别人的价值没有关系，和他对别人的感觉也没有任何关系，反而是神经症倾向的共同特征，在这些需求上面都能找到，比如强制性、盲目性，在遭遇打击之后同样也会忧虑和悲伤。这些需求的核心，其实都是心中对于亲密关系和归属感的渴求，只不过是表达的方式有所不同而已。顺从型的人，最重视的就是他和别人在情趣和爱好上的共同点，至于他和别人不一样的地方，他才不在乎呢，这种情况就是需求本身所具有的盲目性所造成的。他也会误会别人，但这种误解的根源是他的强制性需求，根本不能说明他是一个无知的人、愚蠢的人，也不能说明他的观察力不足。这种情况，在一位患者所描绘的画面上就有所表现，她觉得自己变成了一个站在画面正中间的小小婴儿，周围有一群又奇怪、又危险的动物包围着她，有正在绕着她飞来飞去的大蜜蜂，似乎想要蛰她，还有一条狗，似乎正打算咬她，另外还有一只猫，似乎打算抓她，最后还有一头牛，看样子很想顶她，这让她觉得很无助。很明显，患者最想要得到的“喜欢”就是更有攻击性，也更让人害怕的东西，至于这些动物到底是什么样的性格，有什么关系呢。总之，别人的喜爱、需要、思念和爱是这种类型的人所需要的；别人的接受、迎接、赞扬、佩服，也是这种类型的人所需要的；别人的重视，特别是某个人的重视，也是这种类型的人所需要的；最后，别人的帮助、保护、照料和教导同样是这种类型的人所需要的。

患者听到分析师向自己解释这些需求的强制性时，会选择替自己做解释，因为他有理由证明这些都是“正常”的需求。事实上，被别人喜爱、有人帮助自己，是所有人都需要的，同样是所有人都想要得到的还有归属感，不过，有一种人因为受到虐待而对感情失去了所有的兴趣，人格完全扭曲（这一点将会在后面进行讨论），这种人是不能算到这里的所有人当中的。事实上，患者只对安全感有着永远都无法满足的需求，至于对感情和赞扬的疯狂需求，其实并不都是发自内心的，它们都隐藏在他对安全感的需求后面，所以，患者错了。

既然最急迫的需求就是让安全感得到满足，那么他自然是为了满足这个需求，才做出那些事情的。一些有助于他的性格塑造的品质和态度，就是在这个过程中形成的。这些品质和态度中，有一点是可以让他能够敏锐地感受到别人提出的、能被他的情感所理解的需求，这一点确实很让人喜欢。比如，一个喜欢孤独的人想要单独待着的愿望，他可能发现不了，但是如果有人的需求是想要得到同情、帮助和赞扬，他却能够迅速发现。他似乎变成了一个无私、慷慨大方甚至是能自我牺牲的人：对于自己的感受，他会经常性地忽视，因为他优先考虑去满足的，是别人对他的需求以及他想象的别人对他的需求。当然，必须要忽视他对别人的喜爱有着无穷无尽的需求这一点，才能认同前面的说法。事实上，在他的内心深处，别人都是虚假和自私的，这些人到底怎么样，他才不关心呢，只不过这个事实被他的服从和周全所掩盖（必须是他能够承受得起的）。在无意识中所发生的事情，可以用意识的术语来描述，要是让我来做的话，我会这样说：他告诉自己，所有人都是可以信任的好人，并强迫自己喜欢他们。但是，他从这个错误中得到的只有失望和更加严重的不安全感。

在他看来，这些品质是很珍贵的，但事实并不是这样，他只知道胡乱给予，期间从来都没有考虑过自己的感觉和判断，但是却又想要得到和付出相同的回报，所以他才会因为得不到回报而产生烦恼。

与这种品质相差不大的还有另外一种品质，主要表现为：在感受到别人的不满或是碰到争论和竞争等情况时，会选择逃避。他们总是无怨无悔（起码这一点是主动的）地把主导地位让给别人，而把自己放在听从于别人的次要位置上，做一些安抚、调节情绪的工作。他死死地压抑着自己对于胜利和复仇的迫切需要，因而经常表现出一种很容易就妥协和无怨无悔的态度，对于这一点，他自己都感觉很惊讶。还有一点，他总是在不考虑自己的真实感受的情况下，把错误都揽到自己身上，也就是说，只要碰到错误或者是遭到明显的批评或攻击，他第一时间考虑的不是自己用不用因为错误而羞愧，也不管批评到底有没有根据，还不在乎自己到底应不应该受到攻击，而是第一时间选择认错，把错误归结到自己身上。其实这一点也非常重要。

这些态度，需要经过一个很微小，但是却很奇妙的过程。不管面对什么样的攻击，他都选择了回避，所以他很郁闷；就算有自己的想法，也不敢坚持；明知别人是不对的，却不敢指出来；明明有表现自己的机会，却不敢那么去做；明明有自己的想法，却不敢去追求；完全没有命令和要求别人的能力。同时，他想做些什么却做不到，想享受一下同样办不到，这也是源于他以别人为中心生活而产生的郁闷。长此以往，他可能会产生这样的想法，不管是一顿饭、一场演出、一段音乐还是一处风景，反正只要是体验，必须得有别人参与，才是有意义的。就这样，他将自己的快乐进行了严苛的限制，这使得他越来越依赖别人，他的生活也变得越来越没意思。

这种类型的人，通常都有一些有代表性的特征，其中一个是把前面说到的自我牺牲的品质想得过于完美，还有一个就是总是喜欢用软弱、孤立无援、卑微、可怜这样的词来形容自己。当他单独待在某个地方时，就会感觉自己像是一条失去了方向的小船或是失去了教母的灰姑娘一样，一种真实的无助感就环绕在身边，完全不知道应该怎么做。当一个人不管在面对什么情况时，都感觉自己没有任何反抗能力，那他变成懦夫就是一件很正常的事情，这一点大家应该想象得到。这种无助感不但经常出现在他的梦中，还经常会成为他向别人坦白的话题，甚至还被他当成一种手段，用来引起别人的注意或是进行自我防御："因为我的软弱和无助，所以你的爱、你的保护、你的谅解都必须给我，而且你还不能抛弃我。"

因为他总是把自己放在次要的位置上，并且无怨无悔，所以就产生了第二个特征。因为不相信自己，也没有自己的想法，这使得他的能力不能得到完全的发挥，在这种情况下，就算是在他擅长的领域做出了一些成绩，他也会觉得成绩是属于那些"能力比他强"的人，最终，这种情况会让他产生这样的想法，那些人在吸引力、智慧、受教育程度和价值等方面都比他强，自然比他更加优秀。面对那些骄傲的人，他会觉得自己非常渺小；面对那些有攻击性的人，又会觉得自己很没用；哪怕只有他一个人，他也总是喜欢把自己的品质、天赋、能力和物质财富看得更低。

他总是情不自禁地用别人对自己的看法来约束自己，这是他依赖别人的一个表现，也是第三个特征。对他来说，别人的拒绝不仅是一种打击，而且是毁灭性的，因为别人越是夸他，越是喜欢他，他的自尊感就越强，反过来，别人越是骂他，越是讨厌他，他就越是觉得很受伤。他心中的逻辑方式非常独特，所以他因为别人不回请他而觉得自己的自尊降到冰点，当然，表面上他还是会选择接受，不会表现出任何异常。对于那些严重威胁到他的人，比如批评他的人、拒绝他的人或是背叛他的人，他会竭尽全力去重新获得他们的尊重。在被别人在一边脸上打了耳光之后，他的内心发出的唯一指令就是把另一边脸凑过去让人接着打，他会完全按照内心的指令执行，也就是说，这种行为可不能说明他是一个“受虐狂”。

一套特点明显的价值观，就因为这一切而形成了。当然，这些价值观到底清不清楚，以及是不是坚定，要看他是不是成熟。他建立的基础是仁慈、怜悯、爱、慷慨、大方和谦逊等，至于自私、狂妄、狼子野心、无动于衷和仰仗权力等力量，他只可能偷偷地喜欢，更多的时候都是深恶痛绝的。

有关神经症“亲近他人”所包含的特征，就是前面所介绍的那些。可见，这些特征描述的是成套的思维、感受和行为的方式，也可以说是一种生活方式，这样看来，用服从或依靠这样的单个术语来描述这些特征，显然是不合适的，现在你们应该很清楚了吧。

我不愿意去讨论那些相互矛盾的因素，这一点前面我已经说过，但是，如果我们想要充分了解患者鉴定他的信念和态度，就必须要了解是怎样通过压抑相反的趋势来对其主要作用的倾向进行加强的。所以，这幅画面的背面，是我们现在最应该关注的事情。我们可以发现，在对“顺从型”进行分析时，患者把自己的攻击性死死地压抑着。我们还可以发现，在对待别人时，患者不但不会表现出一丝关心的意思，甚至眼神中充斥着鄙视之情，似乎在想着怎么样利用、控制和支配别人，也可能是在想着怎么样超越别人，还像是正在享受报复之后的快感，当然，这些都是无意识的。这和他表面上表现出来的过分关心完全相反。因为儿童时期遭遇的不幸，不同患者因为情绪低落而产生的内驱力是不同的，强度同样也是不同的。比如，我们在研究某位患者的成长史后可以发现，在五到八岁的时候，患者还会胡乱发脾气，在这之后，就会变得越来越懂事。但是，敌视情绪任何时候都会产生，产生的原因也可能是各种各样的因素，所以，攻击性倾向的发展，很可能是受成人之后的经历的影响。总之，谦虚和善良的人，可能会被别人欺负和利用，而越是依赖别人，自己就越是脆弱。当然，这只是简单的说法，为了不跑题，我们就不在这里详细讨论这个问题了。所以，如果不想让患者觉得自己被拒绝了、被忽略了或是被侮辱了，那就必须要满足患者对感情和赞扬的需求。

弗洛伊德曾经解释过“压抑”这个术语，我这里说感觉、驱力、态度等都被“压抑”，这个压抑就是按照弗洛伊德所揭示的意思来使用的，在他看来，压抑确实是存在的，只是患者并没有发现，因为不想让别人甚至是自己发现任何与压抑有关的线索，估计他们最大的愿望就是永远都不要发现它们。所以，不管是哪种压抑，我们都会发现这样一个问题：患者竟然压抑了自己内心的某种驱力，到底为什么要这样做呢？关于这个问题，我们能从顺从型的例子中找到好几种答案，但想要彻底地理解其中的某些答案，我们必须要先将理想化形象和虐待的倾向讨论清楚。还有，患者想要爱别人和被别人爱的需求，会受到敌视的影响，这应该是我们现在能弄清楚的一点。另外，他还认为，所有人都应该和自己一样，对所有的攻击性行为和自主行为进行批评，因为这些全都是自私的行为。他是在别人的赞扬中找到自尊的，所以别人的批评，对他来说是无法接受的。

有些感情和冲动中带有肯定、报复和野心，压抑这样的感情和冲动后，会有其他的作用产生，这种作用，相当于神经症患者为解决冲突，制造统一、完整、整合的感觉的一种尝试。我们想要正常的生活，就一定不能被相反的驱力拉扯，所以离不开统一的人格，况且，没有人喜欢自己的人格是分裂的，所以，我们的内心都渴望自己有统一的人格，这算不得什么秘密。神经症患者解决冲突的一种主要方法，就是试着对人格进行整合，即把一种倾向扶持到起主要作用的地位上，进而对其他倾向形成压制，当然，这种尝试是无意识的。

所以，我们可以发现，患者故意对攻击性冲动进行压制，主要有两个目的：一个是不让这种冲动影响自己的生活，另一个是不能让虚假的自我完整性被打破。控制的程度往往是根据破坏性的强度来决定的，越是破坏性强的攻击性倾向，就越需要被严格地控制住。对于别人的要求，患者从来不会拒绝，对于所有的外人，患者也会表现得很喜欢，甚至他们总是想要隐藏在背后，这是因为患者要尽最大努力，把自己对所有东西的欲望都隐藏起来，不能被别人看出来。换句话说，患者的盲目性和强制性变得更加强大，那服从和讨好的倾向也被强化了。

然而，压抑的冲动通常都是通过符合神经症结构的方式表现出来或发挥作用的，所以，那些无意识的努力根本起不到任何作用。患者在提出要求之前，会表示自己是多么悲惨，在想要控制别人之前，也会偷偷向对方表达自己的爱。患者偶尔会表现出很容易愤怒或非常生气的情况，这其实就是患者的敌视情绪被压抑到一定程度之后，自然爆发的结果，当然，这些爆发显然和患者对温暖和温和的要求并不相符。在患者看来，自己对别人的要求显然不过分，也不自私，那么自然就是自己遭遇了不公正的对待，这样的话，患者当然不能忍受这种情况。所以，他们不觉得自己有什么错误。既然忍不了了，就表示那些敌视情绪已经没办法压制，进而就是怒火的爆发，甚至会引发头痛、胃病等身体的功能性障碍。

因此，顺从型的动机，很多时候都具有相同的特点。比如，他可能是为了和别人和谐相处，免得双方出现矛盾，所以做人一点都不张扬，但这种行为也很可能是他为了压抑自己的手段；他也可能是为了表达自己的友善和服从，所以对别人占自己便宜的事情，表现得睁一只眼闭一只眼，但这也很可能是他在隐藏心中想要利用别人的想法，不想被别人发现。只有按照适当的顺序，从方面对冲突进行修通，才能克制神经症的顺从倾向。在观点守旧的精神分析刊物中，我们有时候会发现这样一种观点，精神分析的本质好像就在于“将攻击性驱力进行释放”。这样的观点，只能说明作者并不了解神经症结构的复杂性和多样性。当然，我们并不能说这种观点是错误的，起码它在某种特殊类型中是正确的，当然，就算在这种类型中，它也只是有一点点正确而已。患者确实需要对攻击性驱力进行释放，但如果不想对自己造成伤害，就不能把“释放”本身当成最终的目的。只有继续进行冲突的修通工作，最终才能达到整合患者人格的目的。

还有一些东西也会在顺从型中起到一定的作用，这也是需要我们注意的，比如爱情和性欲。在患者看来，生活需要爱情，否则就会显得单调、无聊和寂寞，所以爱情就成了唯一值得他追求的生活目标。弗里茨·威特尔斯曾对强迫性追求进行了描述，这里借用一下他的说法，在这种全然不顾的追求下，爱情似乎变成了幻影。如果没有爱情为人、风景、工作、娱乐、兴趣爱好等添砖加瓦，那这些也就全都成了无聊的东西。生活在我们这个文明中的人，都觉得只有女性才会迷恋这种爱情，因为在女性身上，这种迷恋表现得很明显，次数也很多。当然，这种迷恋其实只是一种非理性的强迫性内驱力，是神经症的一种表现，和性别没有任何关系。

我们能通过对顺从型的人格结构的了解而明白患者这样看重爱情的原因，这是因为“他疯狂，有他疯狂的道理”。想要满足他的神经症需求，只能让他得到爱情，谁让他具有矛盾的神经症倾向呢？况且，不管是他想要被人喜欢，还是想要控制别人（利用爱情），抑或者是他想要隐藏在背后或展现自己（利用对方全心全意的付出），都能在这种方式中得到满足。此外，这种方式还可以让他在对所有攻击性驱力进行释放时，找到一个合理、单纯甚至能得到所有人好评的基础，同时，也能让他把自己身上那种让人喜欢的品质表现出来。而且，他还觉得，爱情是自己的良药，以后的事情都会在他找到爱情之后好起来，这是因为他并没有发现痛苦和挣扎来源于内心的冲突这件事情。这种愿望如果放在我们身上是非常荒唐的，但他这种逻辑显然也是无意识的，所以我们必须要理解："懦弱无助的我根本就没办法一个人生活在这个满是敌视和威胁的世界上，那实在是太危险了。所以，为了回避危险，我必须要找一个最爱我的人（他或她）来保护我。这样的话，因为他理解我，甚至在我不说出要求或进行解释的情况下，就把所有我想要的东西都带给我，那我岂不是就什么都不用去争取了，如此看来，我的软弱也并不是坏事，因为我有他的喜爱，也有他可以依赖。虽然我对任何事情都提不起主动的欲望，但也是有变得很主动的可能的，前提必须是为了他，或者我做的事情，是他要求我去做的。"

他一步一步系统地对自己的推理和思想进行重建，层次非常清晰。这里面，除了他从思考和感觉中得到的东西，占比重最大的，其实是无意识的行为，他会想：“一个人待着时，我觉得自己就像被绝望和焦躁的情绪所包围一样，更何况，如果某个东西我不能和别人分享，我是不会产生任何兴趣的，所以单独一个人对我来说就是一种煎熬。在星期六的晚上，我一定会仔细安排，坚决不自己一个人待着，这不是因为我不能单独看一场电影或读一本书，只是觉得这样做会让别人觉得没有人喜欢我，那样就实在是太丢人了。当然，在任何时候我都不希望一个人待着。只要我找到爱人，那我就不再是一个人了，自然就不用再忍受这种煎熬。到那时候，准备早餐、工作、看日落等现在看起来非常无聊的事情，都将变成很有趣的事情。”

他还会这样想：“我一点都不自信，觉得自己在能力、魅力和天赋上都比不过别人，甚至在努力完成工作之后也感觉是运气好，没有任何光荣的感觉，要是再让我做一次的话，谁知道我还能不能完成。我这种没有任何优点的人，那些真正了解我的人肯定不会喜欢。当然，我也有可能让别人高看一眼，前提是我能找到一个喜欢真正的我，也非常重视我的人。”就是因为这个原因，爱情才会像海市蜃楼一样吸引人，人们也是因为这个原因才抓着爱情不放的，甚至不愿意从内在改变自己，那个过程实在是太艰难了。

性交在这种情况下除了具有生物性功能外，还有另外一种价值，这种价值就是表明有人需要自己。越是冷漠（不敢表现出真感情）、不敢奢望被爱的顺从型患者，他的爱情被性行为取代的可能性就越大。他像高看爱情的作用一样高看它在解决矛盾时所发挥的作用，竟然把这种方法当成是建立亲密关系的唯一途径。

事实上，顺从型患者对爱情的渴望都来源于他对生活的看法，想要看清楚这一点很容易，一方面是不把过分重视爱情当成是正常的事情，另一方面也不能把爱情当成是“神经症”，这其实是对爱的两种极端看法，所以必须要谨慎地避免。在神经症症状中，我们肯定会经常发现，患者的所有论证都非常完美，找不到任何缺点，不论这些论证是有意识的还是无意识的，都是一样，只不过这些都是在错误的基础上得出的结论。之所以说论证基础是错误的，是因为他没有把神经症冲突考虑在内，详细点说就是他在论证时既没有把攻击性倾向考虑到其中，也没有考虑到破坏性倾向，甚至还把自己对感情及相关东西的需求，当成是自己拥有爱的能力。他企图消除冲突的所有尝试都有一个共同的特点，那就是他想要在不对冲突进行任何改变的情况下，消除冲突的坏影响，也正是因为这个特点，才导致尝试的失败。我要针对把爱情当成一种尝试的情况再多说一些，其实这些顺从型患者在某种程度上，也是能大大地减轻痛苦并找到自己的幸福的，前提是他们能找到一个内心强大到能够包容他的同伴，或是找一个恰好有和他们互补的神经症的同伴。当然，大多数时候，情况并不是这样的，他的这种做法最大的可能会毁掉一段关系，因为他们不但自己走进了这段关系中，还把冲突也带了进来，反正他抱着寻找天堂的想法在人间寻找，最后找到的只能是更加痛苦。他必须要将冲突彻底解决，否则就算他进入到能缓解自身痛苦的关系中，也解决不了自身长期存在的健康问题。

## Chapter 04 第四章

# 抗拒他人

基本冲突的第二个方面是“抗拒他人”，我们将和之前一样，通过考察那种由攻击性倾向起主要作用的类型，来讨论“抗拒他人”的倾向。

人都是“友善的”，这是顺从型患者深信不疑的想法，但是事实却一次次出现相反的情况，对于他们来说，这真是一种打击。至于对抗型的人，很自然地觉得所有人都敌视他，就算他发现人并不是他们想象的那样，也坚决不承认自己的错误。对于他们来说，生活就好像是一场任何人都只能追求自保的搏斗，就算他们承认有很少一部分人不是他们想象的那样，也不是心甘情愿的。外表看起来，他很有礼貌、刚直不阿还很友好，这种外表是虚假、真实情感和神经症倾向混合之后的产物，相当于阴谋家的权宜之计，当然，他其实有着自己的态度，只不过多数时间，他都把自己的态度隐藏在外表之下，只是偶尔才会明确地表达出来。当这种类型的神经症患者知道所有人都很重视自己之后，就真心希望别人都能把自己当成一个好人，这是他们的一个愿望。这其中可能会包括一些服务于具有攻击性的目标的神经症倾向，其所针对的对象是感情和赞扬。至于顺从型患者，因为他的价值观同步于被社会或宗教认同的美德标准，所以这种“外表”，他并不需要。

我们都知道，顺从型患者具有强迫性，对抗型患者其实也是一样。当然，我们必须要明白，他们也是因为忧虑才产生的需求，这样才能理解前面那一点。有一点必须要着重介绍，恐惧在顺从型患者中，有很明显的表现，但是却没有人承认它也出现在对抗型中，起码没有露过面。对抗型患者认为，所有的事情都是困难的，只不过有的是看起来困难，有的是真的困难，还有的是变得越来越困难。

在他看来，这个世界就好像是一个角斗场一样，想要生活在其中，就要明白达尔文那个“物竞天择，适者生存”的观点，因此他才产生了自己的需求。人们到底生活在什么样的文明当中，决定了人们到底能不能生活下去，但是，有一种法则在任何情况下都要优先考虑，那就是追求个人的利益。所以，控制别人成了他的基本需求，至于手段，要么是直接动用手里的权力，还可以使用间接的做法，比如体贴地关心别人，或是想办法让对方觉得有被自己控制的义务，总之，手段非常多。当然，他可能更愿意隐藏在背后，去操控所有的事情，这是它综合考虑了自己的天赋和各种冲突倾向的融合后，才选择使用的方式。比如一个有疏远倾向的神经症患者，为了避免和别人发生亲密的接触，他就不会选择直接去控制别人的方法；他更愿意通过间接控制的方式来得到别人的喜爱，当然，前提是这东西确实是他想要得到的；要是他想变成在背后操纵的人，那为了实现自己的目标，他就必须要利用别人，这时候他可能会表现出虐待倾向。

与此同时，他很想得到比别人高的地位，也很想得到别人的认可，至于是通过成功，还是通过名声，或者是通过其他的什么形式，都无所谓。这个社会充满了竞争，在这样的社会当中，随着成功和名声而来的，往往是权力，所以在某种意义上说，为了这些而付出的努力其实最后希望得到的都是权力。患者通过这样的努力，最后不仅能得到比别人更高的地位，而且能得到别人的肯定和赞扬，此外，还能获得一种主观上的力量。对抗型患者的重心并不在自身上，这一点和顺从型患者是一样的，不过在最后希望得到的收获上面，两种类型还是有点区别的。实际上，顺从型患者和对抗型患者想要得到的肯定，都是没有任何意义的，只有不了解心理学的人才会因为成功之后依然有不安全感而感到诧异，只有在某种程度上把成功和名声当成判断标准，才会有这样的疑惑。

对抗型患者的需求通常包括很想利用别人和算计别人，以及把别人变成对自己有用的人。不论是对待金钱、声望、人际关系、创意，还是面对其他的场面和关系，这种类型的患者的想法都是“这能给我带来什么”。在患者看来，所有人都是这样的，这可是他们有意识或无意识的想法，所以比别人做得更好，是他们最看重的。在性格上，他会给人一种严肃、态度强硬的感觉，这恰好和顺从型患者相反。在他看来，不管是他自己的感情，还是别人的感情，都是思想空虚的表现，就算是爱情这东西，也不是非有不可的。当然，这并不是说他拒绝恋爱、和异性发生关系或是结婚，而是说找到一个能触发他的欲望，并能提高他的魅力、社会声望或财富的满意的伴侣，是他最关心的事情。在关心别人这方面，他的想法是：“关心别人？难道他们自己做不到吗？我为什么要这样做呢？”显然，他并不理解为什么要这么做。在伦理学中，有一个很古老的问题，即如果一个竹筏上的两个人只能活下来一个应该怎么办。如果问他这个问题，他会说，只有傻子和虚伪的人才会选择放弃自己。他当然也有恐惧的情绪，但是他却一直在努力控制着这种情绪，更不会在别人面前表现出来。比如，晚上很害怕会有小偷闯进来的他可能会强迫自己在一个空房间里待着；他很害怕骑马，却坚持骑马骑到恐惧彻底消除为止；

他很害怕蛇，但为了不再害怕，他可能会强迫自己经常从有很多蛇的沼泽地走过。

对抗型患者不像顺从型患者那样喜欢迎合别人，而是想要成为一名斗士，并为此付出自己的全部力量。他总是觉得自己是对的，特别是在碰到山穷水尽只能破釜沉舟的时候，更是觉得应该把自己的能力表现出来，所以每次和别人争辩，他都会竭尽全力，把自己的机智和敏锐都表现出来。对抗型患者心中想的只有胜利，对于输是绝对不能接受的，也做好了随时把责任推卸给别人的准备，这和不敢争取胜利、碰到事情就只知道责怪自己的顺从型患者刚好相反。虽然两者对于错误的态度不同，但却同样都没有过失感：顺从型患者虽然承认错误，但这只是因为他想要讨好别人，所以才这样做的，也就是说，他并不是真觉得自己是错的；对抗型患者虽然把错误推卸给了别人，但也只是为了坚持自己是对的这个观点，事实上他也不敢确定别人就一定是错的，这就好像是一支军队在发动攻击之前，会先找一个安全的阵地一样。对于那些没有必要承认的错误，他是绝对不会承认的，因为他觉得那样就会把自己的愚蠢和懦弱全都暴露出来。

他有一种机敏的“现实主义”意识，这种态度，让人想起他和一个危险的世界做斗争时的样子。别人的野心、贪婪、无知或其他的表现，很可能会阻止他完成自己的目标，这些东西他是不会忽略的，他还没有单纯到那个地步。在他看来，自己其实就是现实一些，但这种做法是没有任何问题的，毕竟在一个竞争性的文化当中，出现的更多的是这种个性，而不是正直。顺从型患者并不完美，这种性格同样不完美。对于谋略和未来，他是十分重视的，这属于他的现实观的另外一面。不管什么时候，他都不能忘记对自己的胜率、对手的实力和可能碰到的陷阱进行分析，这是作为一个优秀的战略家的必不可少的素质。

在自己的能力和智谋方面，他一直没有停止过努力，因为他要证明他的强大和精明，也要证明所有人都欢迎他，谁让他总是觉得自己就是这样的人呢？在工作中，他很积极，也很认真，长期这样做的话，成为一个优秀的员工或是取得事业上的成功，对他来说都不是不可能的，但事实上，努力工作其实只是他想要实现目的的一种手段，所以在某种意义上，他这种做法其实算不得是真实的。他就像不喜欢生活中的感情一样，不喜欢自己所做的工作，他根本无法从里面找到一丝的快乐。排斥情感的作用主要有两点。一方面，他的主要目标就是成功，这样做只不过是为了防备感情用事的权宜之计，因为感情用事的影响很可能会让他获得成功的机会减少，也可能让他害怕使用他在通向成功之路上的那些常用办法，还可能会使他把注意力从工作和那些对他有用的人身上，转移到自然、艺术或其他的朋友身上，但这样做就不一样了，这能让他像被加满了油的机器一样，不停地将夺得权力和声望这样的产品制造出来，不需要停歇。但另一方面，他的工作质量很可能会受到影响，原因是排斥感情会让他的内心情感变得贫瘠，而这种情感的贫瘠，相当于他失去了创造力的来源。

不论有什么愿望，对抗型患者都会直接表达出来，有什么命令或是生气的时候，也会直接说出来，就算是自我防卫也不会忍着。也就是说，从表面上来看，对抗型患者是不会出现压抑自己的情况的。但事实上，和顺从型患者相比，他的压抑并不少。我们不能第一时间看出他那特定的压抑，这是因为他的交友、恋爱、表达情感、表达同情和享乐的能力，都受到他的压抑的影响，甚至在他看来，连无私的享受都是浪费时间的行为，这也就是说，他的压抑已经融入到了感情中，所以我们才看不出来的，不能说我们没有文化。

站在他的角度上，我们可以发现他对事物的看法都是正确的。对于自己的内心，他的看法是强大、真诚和现实，他觉得，内心强大表现在外面就是冷酷无情，真诚就是不关心别人，现实则是为了追求自己的目标，什么都可以放弃，按照他的观点来看，他对自己内心的看法是完全正确的。另外，他总是能一语道破别人的虚伪，这也是他觉得自己内心真诚的原因。他觉得自己很轻松就能揭穿那些社会意识和宗教美德的真实面目，因为热爱自己的事业和博爱的情操等，都是假的东西。他的价值观就是弱肉强食，即强权就是真理，他觉得每个人对于别人来说都是狼，所以人并不适合拥有仁慈和包容。

对抗型患者排斥的不仅有真正的支持和友善，对于服从和迎合这种模仿者，也是排斥的，不过这一点并不能成为我们说他看不出这两者区别的差距，因为他有自己的考虑。如果将自己的事情看得过于清楚，会让自己的利益受到损害，对于这一点，他深信不疑，所以，他会主动去认识那种影响力很大且很友善的人，并对他们表示尊敬。在他看来，在生存斗争中，这两种态度都会成为阻碍。

他是那么抵制着温柔的感情，这到底是为什么呢？别人做一些与感情有关的行为时，他为什么会有种恶心的感觉呢？他为什么会看不起那些在错误的情景中表达同情的人呢？其实在攻击性倾向得到缓和的情况下，分析师是很容易在分析过程中发现这一点的，而且，他身上出现这种行为，完全没有不合理的地方，患者的行为就好像是因为不忍心看乞丐的悲惨遭遇就把乞丐赶出去一样，对于乞丐的要求，他可能会用完全不合理的理由来拒绝，甚至会破口大骂。对于别人的“温和”，他的感觉是既矛盾又复杂，对于“温和”的人，他是看不起的，但也很喜欢，因为这种情况下他再去达成自己的目的，就不用有任何担心了。但是他又为什么像被他吸引的顺从型患者一样被顺从型患者所吸引呢？对于这种心理动力，尼采做过很好的解释：不管是什么形式的同情，他都让他的超人将之当成“第五纵队”，也就是别人的卧底。“温和”对于对抗型患者来说，既是真正的喜欢、同情以及类似的情感，也是所有顺从型患者的需求、情感和行为准则中所包含的东西。就像是面对乞丐时，对抗型患者是真想帮助乞丐，因为他的内心是真正同情的，对于乞丐的要求，他也是真正想满足的，只不过心中要求他放弃这种想法的要求更加强烈。最终的结果，他不仅不帮助乞丐，还对其进行辱骂。

对于怎么样来满足不同驱力的希望，顺从型患者的办法是爱，而对抗型患者的办法则是认同。被认同的好处有很多，一方面是让他得到自我肯定，这可是他最想要的东西；另一方面是有助于他和别人相互吸引，这一点对他来说也很有吸引力。看起来，他的冲突似乎都能因为被认同而得到解决，所以对他来说，它就是一种补救幻想。

对于对抗型患者的挣扎，就不在这里进行详细说明了，因为在内在逻辑上，它与顺从型患者的情况没什么区别。攻击性自己建立起来的生活方式，和同情的行为是矛盾的，和那些必须要做、却只是为了表达“友善”的行为也是矛盾的，和所有服从的态度也是矛盾的，而且对于攻击性来说，这些东西还会破坏他自信的基础。况且，这些对立倾向还会破坏他仔细设计的统一局面，因为在这种情况下，他必须要面对自己的基本冲突。最终的结果就是，压抑了温和倾向，却强化了对抗型倾向和强制性。

我们在清晰认识了这两种已经讨论过的类型之后，就会发现这其实是两种完全相反的类型：一方喜欢，另一方必定讨厌；一方的朋友必定是另一方严重的潜在敌人；虽然对待问题时，双方都会不惜一切代价，但却是一方努力回避，另一方主动对抗；对于恐惧感和无力感，一方是牢牢抓着不放手，另一方是想尽办法放手；在神经症上，一方面是博爱理想，另一方面是弱肉强食。这些形式是由内心决定的，具有无法改变的强制性，所以双方都没有过自己选择自己的形式的权力。

已经讨论了两种类型的我们，对于下一步的动作，也已经做好了准备。基本冲突中所包含的内容，以及冲突的两个方面在两种不同类型中占据绝对优势的趋向，都已经被我们了解了。下面我们要做的，就是找一个被两种对立的态度和价值共同支配的人，并对他进行描述。显然，这样的人是没办法行动的，因为驱使他的是两种相反的驱力，并且这两种驱力的力量不分伯仲。他能想到的一种解决办法，就是消除其中一种驱力，把自己彻底变成另一种类型。

以荣格的观点来看，这种情况属于片面的发展不充分。这个判断，在形式上是正确的，不过也只是在形式上是正确的。首先，荣格的观点在内涵上就是错误的，因为它建立的基础是对驱力的错误理解，荣格表示，分析师在进行分析时要帮助患者接受自己的对立面，这完全是从片面的观点上提出的建议。我们可以问问：患者能够做到这一点吗？当然不能，患者能做到的，就是发现对立面的存在。我们应该对打算通过这个步骤来整合患者人格的荣格说：患者在最终整合的时候，这一步确实必不可少，但是这一步能解决的，也只有患者一直回避的冲突。神经症倾向在本质上的强制性，并没有得到荣格的正确认识。荣格认为，“亲近他人”和“抗拒他人”之间的差别，就是“女性气质”和“男性气质”的差别，这显然并不全面，起码还有“弱”和“强”之间的差别，当然，就算加上这个也不够全面。服从和攻击者两种倾向，在所有人身上都是存在的，只不过都隐藏了起来。就算是一个没有受到强制性内驱力影响的人，也可以通过自己的努力，将人格整合到某种程度。一旦在我们的成长中，这两种倾向都接近于神经症，就一定会危害到我们的成长。两件坏事放在一起就能变成好事？这显然是不可能的。同样地，想要两种相互冲突的东西组成一个整体，并且和谐相处，显然也是不可能的。

# Chapter 05 第五章

# 疏远他人

对疏远的需求，是基本冲突的第三个方面，也可以称之为“疏远他人”的需求。什么是神经症的自我疏远？我们需要先了解清楚这一点，才能对这种需求进行研究。神经症的自我疏远并不是指你时不时想要单独待一会儿这种想法，这一点很明显，因为每个对待自己和生活认真的人都会有这样的想法。对于这种需求，我们其实并不算太了解，我们的生活全都已经被社会生活所占据，没有任何空当，但不可否认的是，它确实有助于个人价值的实现，对于这一点，历史上的各种哲学和宗教都进行过重点描述。神经症的一个标志就是不能进行有建设性的独处，这是因为深入自己内心这件事是大部分神经症患者都做不到的，这也就是说，神经症是不会希望能够进行有意义的独处的。那么在什么情况下神经症患者才会表现出独处的愿望呢？前提是一个人在和别人交往时，在产生了不能容忍的紧张之后，脑袋里出现的第一个想法就是单独待一会儿。

很多精神科医生觉得，自我疏离型患者的主要特征，就是那些过分远离人群的人身上的显著和特别的表现。其中患者着重强调的一点，也是最明显、最吸引我们的注意力的一点，就是不想和任何人靠得太近。但事实上，他对人的疏远，与其他神经症患者对人的疏远，并没有什么区别。比如，我们不知道前面讨论过的两种类型中对人更疏远的是哪一种，只知道在顺从型患者身上，这种特征是被隐藏起来的，他不相信自己和他人之间有任何距离，这是出于他对亲近他人的强烈需求，所以一旦发现自己在疏远别人，就会非常吃惊，并感到害怕。说到底，不管在哪个神经症患者身上，与人疏远都只代表人际关系失去平衡，至于到底有多疏远，和神经症的种类没有任何关系，主要是看失去平衡的严重程度。

疏远自我是另一个被认为是疏离型所独有的特征，这一特征，在所有的神经症上都具有，主要表现为感受不到情绪，对自己认识不清楚，对于自己爱的、恨的、喜欢的、想要的、害怕的、相信的、痛恨的都是什么，根本就没办法确定。所有患有神经症的人到最后都会和自己失去联系，和一架被遥控的飞机没什么区别。在海地的传说中，尸体在巫术复活之后会变成僵尸，他们虽然没有生命，生活和工作却都和活人没什么区别，那些疏远自我的人其实也是这样一副样子。至于其他类型的患者，其情感生活则相对繁荣一些。我们没办法在有这种多样性存在的情况下，觉得只有孤独型存在疏远自我的情况。所有远离人群的人，都能用带有客观的兴趣，像观察艺术品一样观察自己，这是他们的能力，也是他们的共同点。或许，最好这样来描述他们：他们像对待生活一样，用“旁观者”的态度来对待自己。所以，对于自己的内心，他们一般都能进行很有效的观察。他们总是能以让人吃惊的理解能力解读出自己梦中的形象，就很好地证明了这一点。

最重要的是，他们的内心希望能在自己和他人之间保持感情的距离。更确切地说，他们只是表面上看起来还能够继续和别人交往，事实上，他们已经有意识或无意识地决定，不用爱、斗争、合作或竞争等任何形式，和别人产生情感上的关系，就好像在自己周围画上了一个任何人都无法进入的“魔法屏障”一样。当他们的“屏障”中有外界因素闯入时，他们就会因为需要强制性特征而产生忧虑和担心。

他们的主要目的就是“不参与”，他们所有的需要和学习的品质，都是直接为这个目的服务的，其中，自给自足的需求，是最明显的特征之一，老谋深算是这种需要给人留下的最深刻的印象。对抗型患者则拥有另一种风度气质完全不同的老谋深算：对于对抗型患者来说，只有老谋深算一些，才能在这满是“敌视”的世界中努力前进，也才有能力在斗争中打败别人；老谋深算在疏离型患者中和鲁滨孙很像，也就是说，他只能用

所有远离人群的人，都能用带有客观的兴趣，像观察艺术品一样观察自己，这是他们的能力，也是他们的共同点。或许，最好这样来描述他们：他们像对待生活一样，用“旁观者”的态度来对待自己。所以，对于自己的内心，他们一般都能进行很有效的观察。

老谋深算的方式来填补孤立，以便于活下来。

也不知道是有意识的还是无意识的限制自己的需要，总之，一种新的保持自给自足的方式出现了，只是这种方式更不靠谱。为了不危害到远离群体的状态，那就最好都不和任何人或者事物发生太过密切的联系，以防我们离不开他或者她，当然，最好也不要去管别人，这是患者掩盖起来的规则，必须要记住这一点，才能更好地理解出现不靠谱的自给自足方式的原因。比如，一个人在疏远自我之后，或许会感受到真正的快乐，但是他绝对不允许这种快乐来自于别人；他不喜欢社交活动，但是偶尔和几个朋友共同度过一个夜晚，还是挺快乐的；对于争斗、生育和成功，他总是会选择逃避；对于自己的饮食和生活习惯，他觉得必须要保持一个“度”，这样做既能控制自己的花费，也能控制住对于时间和精力的浪费；生病是他最痛恨的事情，因为这个时候他需要别人的照顾，觉得这对自己来说是一种羞辱；他相信自己的亲眼所见和亲耳所闻，所以，对于某些知识，他总会坚持亲自去学习和理解，而不听信别人说的和写的东西；这种态度确实能帮助他形成珍贵的独立的性格，前提是绝对不能让它发展到荒唐的程度（比如，从来都不向别人问路，就算是在陌生的地方也是如此）。

建立自己的私密空间是疏离型患者的一个明显的需要。他总是想保持自己的神秘，如果他是一个房客，那肯定是那种连书籍都当成侵略者的房客，并且总是把“请勿打扰”的牌子挂在自己的房门上，每当听到别人打听他的私生活，他都会非常吃惊。我曾听一位患者说，他的妈妈在他小时候告诉他，说他咬手指头的行为会被上帝透过百叶窗看到，所以，哪怕他已经四十五岁了，对于上帝的全能，他也很怨恨。这位患者不愿意说出任何和生活有关的事情，哪怕是那些零碎的细节。

一个疏远自我的人总是会觉得自己很“特别”，一旦发现自己没有得到别人特殊的对待，就会产生一种被忽视的感觉，这会让他非常生气。通常来说，不管吃饭、睡觉还是工作，他都希望自己是独自一个人。他不愿意把自己的经验分享给别人，因为他害怕别人的打扰，至于从听音乐、散步或是和其他人交谈中得到的快乐，他都不是在当时感受到的，而是在之后回味时才会感受到，这一点恰好和顺从型患者相反。

他最大的需求其实是绝对的自由，至于自给自足和保护隐秘，其实都是为这个需求而服务的。对于这种自由，他自觉是很有积极意义的。他不是机器人，自然不会任由别人处置，所以有什么缺点都无所谓了，从这一点上来看，这种自由确实有特定的价值；他给自己树立的形象是正直的，这是因为他从来都不会盲目地附和别人，也不会参与到任何竞争当中。在这里，他把自由当成了目的，这是不对的，完全忽视了“自由的最终价值在于他能帮助你做什么”这一点。他的自由只不过是他远离群体的一个表现，这样远离群体，是因为不想被影响，也不想被欺压和管束，更不想承担任何义务，可以说目的是消极的。

疏离型患者对自由的需求，与其他的神经症倾向没什么区别，也具有强迫性和盲目性，具体的表现是，患者对于与强制、影响和义务等有关的东西都会非常敏感，而患者疏远自我到底到了什么样的程度，也是由敏感的程度决定的。对于压制，不同的患者会有不同的感受，比如衣领、领带、腰带和鞋子等限制，可能会让人感受到一些肉体上的压制；不管患者的视线受到什么东西的影响，都可能会感受到压力，比如，他在隧道或矿井中时可能会更加忧虑和担心，这很可能是引发患者的幽暗恐惧症的关键因素，虽然它不能完全解释这个毛病；对于患者来说，结婚是一件恐怖的事情，因为它会让他和别人产生亲密的关系，这不管在什么时候，对于疏远自我的人来说，都是一件危险的事情，所以，结婚是患者努力回避的事情。此外，签订合同或是签订一份超过一年的租约这种需要履行长期义务的事情，也是患者尽量会回避的事情。当然，患者婚姻的危险程度也有降低的可能，前提是患者能够被保护，或者是相信伴侣会完全满足自己的特殊爱好。时间是无情的，它从没停止过流逝，这也可能会让患者感受到一种压力，为了保持对自由的幻想，他所采取的办法很可能是每天上班时迟到五分钟；对他造成威胁的还可能是火车时刻表之类的东西。有这样一个人存在于自我疏离型患者的想象中，他从来不看火车时刻表，对于能不能赶上火车也不在意，大不了坐下一趟，所以去火车站时，总是想什么时候去就什么时候去。他从来都不愿意按照别人的希望做事，也不愿意按照某种特定的方式做事，所以，只要产生了这样的感觉，他才不管是别人真实表达出来的，还是自己想象出来的，他都会有想要反抗的想法。比如，平常的时候，他很喜欢送别人礼物，但是别人很希望得到的生日礼物或是圣诞礼物，他却总是会忘记。那些在长期实践中形成的行为准则和那些世代相传的价值观，是他不愿意遵守的东西。事实上，所有的准则和标准，他都发自内心地讨厌，不过，为了避免产生冲突，表面上看起来他是遵守这些东西的。最后，对于别人给他的建议，哪怕是和他心中的想法不谋而合的建议，他都会选择拒绝，因为他觉得那是对他的一种控制。不管是有意识的还是无意识的，他都有一种打败别人的愿望，这种拒绝可能就和这个愿望有关系。

对优越感的需求与远离神经症有着内在的联系，所以，虽然所有神经症都有这种需求，但疏远自我这种类型却对其进行了强调。最明显的证据，就是我们平常所说的“象牙塔”“独善其身”等词语，甚至有人认为，就是因为优越感的关系，才会出现远离人群的情况。临床实验证明，只有那些有着特别强大和丰富的内心，或者是那些自觉非常重要的人，才能忍受独处的情况。自我疏离型患者也可能会出现不能忍受独处、奋不顾身寻求被喜欢和被保护的情况，那就是他的优越感被暂时粉碎的时候(可能是因为现实的失败,也可能是内心冲突的加剧)。在人生当中，这种波动是经常出现的，还有一些不温不火的友谊，可能会在他十岁或二十岁左右的时候出现，不过，这些东西对他那孤独和自由自在的生活并没有什么影响。他梦想着将来能做出一番事业，也经常会幻想以后的事情，可这些东西在现实面前，却全都不堪一击。他的成绩在高中时还处于班级靠前的位置，但是到大学之后，却开始倒退，因为他遭遇了残酷的竞争。随着年龄的增长，随着第一次恋爱的失败，他逐渐发现，想要实现自己的梦想实在是太难了，所以他再也忍受不了远离群体的孤独感了。他越来越希望能得到亲密关系，希望能恋爱并结婚，这是强制性内驱力作用的结果。他在被人爱时就算受委屈也心甘情愿。当这样的患者表现出明显的孤立状态，并要求进行分析治疗时，他其实只是想让医生帮他找到某种形式的爱而已，并不是真的想要接受治疗，他也接受不了。只有在他产生了自己非常强大的感觉时，他才会发现“一个人生活”是他更愿意的，他“就喜欢这样”，这时他才会有一种轻松的感觉。在别人看来，他又恢复到了疏远自我的状态，就好像是老毛病又犯了一样，事实上，这还是他第一次底气充足地告诉外界，自己想要的就是孤独，因为他有着充分的理由。如果医生在这个时候对疏远自我的人进行修通，时机刚刚好。

对于优越感，疏远自我的人有着某种特定性质的需求。在他看来，自己内在的优美品质很容易就能被别人看出来，根本不需要付出任何努力，自己那些隐藏起来的优点，也很容易让人感觉到，同样不需要去刻意表现，至于通过不断的努力去超过别人，他才不会这样做，因为他不喜欢和别人竞争。比如，可能会有一个隐藏着大量财宝的小村子出现在他的梦里面，内行人为了看一下这里财宝的光彩，就算是在千里之外，也会赶过来。这里面和其他的优越感一样，也有着真正的因素：他用自己造的“魔法屏障”保护着隐藏的财宝代表的理智和感情生活。

与别人保持距离直接导致他产生了自己是“独一无二”的感觉，这成了他表达优越感的另外一种方式。他可能会把自己比作一棵大树，但因为森林中的树木在相互干扰的情况下生长得并不好，所以他这棵大树一定是生长在山顶上的。在碰到伙伴时，顺从型患者会在心里面偷偷地问自己：“我会受到他的喜欢吗？”而对抗型患者想知道的，则是：“这个对手的战斗力怎么样？”或者：“我能在他那里得到什么？”至于疏远自我这种类型，他最想知道的是：“他会干预我做事吗？他到底是想让我一个人待着还是想对我施加影响？”易卜生在《皮尔·金特》中，使用了象征的手法，讲述了主角皮尔·金特与纽扣铸造机相遇的故事，将疏远自我的人被带到人群中后所感受到的恐惧完美地表现了出来。他在“地狱”中的那间房子，是那里最好的，但是他还是会害怕被扔到熔炉里被铸造成型或改变成其他型。他觉得自己是一块经过特别设计的东方地毯，不管是图案还是颜色的组合，都非常独特，永远都不会改变，非常珍贵。他并没有因为环境的影响就发生改变，这是他非常骄傲的事情，他告诉自己，以后也要继续这样做下去。在他看来，所有的神经症所特有的僵硬性质，都是神圣不可侵犯的原则，所以他非常尊敬，这源于他对不变的热爱，对于任何外面进来的东西，他都不会接受，只愿意自己去继续扩充自己的图案，让它变得更加纯洁和清晰。皮尔·金特也曾说过一句格言，很简单，也很荒唐：“只要你坚持自己，那就足够了。”

在感情生活方面，顺从型患者追求喜爱、亲近和爱，对抗型则追求生存、支配和成功，可以说这两种类型都有着积极的目标，所以这两种类型的感情生活有着固定的模式，至于那些疏远自我的人，因为目标是消极的，既不想卷入其中，又不想让别人参与进来，更不想受到别人的干涉或影响，所以这种类型的个体之间的差别会大一些。所以，他的感情如果想要生存发展，并变成某种特殊的欲望，就一定不能离开这种否定性的框架，只有在这种情况下，才能形成疏远自我型所共有的少数倾向。

压抑所有的情感，甚至不承认情感的存在，是疏远自我型在总体上的表现。在这里，我想引用一个没有发表过的小说片段，作者是安娜·玛利亚·艾尔米。这段文字不仅将这一倾向简要地表达了出来，还将疏远自我的人的其他典型态度也表现了出来。在回忆自己的青年时代时，主人公说，“在我的感觉中，有一种与我和我父亲的血缘关系类似的激烈的生理关系，还有一种与我和我所崇拜的精神关系类似的激烈的精神关系。我没有发现这里面有感情的存在，但人们却都说有感情，只是我不知道到底是什么感情，事实上，他们都在撒谎，和在其他事情上撒谎没什么区别。B 女士问我：‘关于自我牺牲的事情，你是怎么解释的呢？’显然，她被吓到了。她这句话竟然是正确的，这让我非常惊讶，最后，我得出了这样的结论。所谓的自我牺牲，要么是一个谎言，要么就只是一种生理或精神行为。那时候，我的梦想就是永远都不结婚，就这样在独自生活中变得更强大和更平静。我不想再继续做梦了，打算通过自己的奋斗，活得更明白也更自由。在我看来，只要你真实地活着，不管是善良还是邪恶，都没有任何区别，有没有道德也没有任何意义。至于罪过，想要得到别人的同情和帮助才是大罪。灵魂对于我来说就像是神庙一样，总有一些只有祭祀和守卫才明白的特别仪式在里面进行着，所以必须要进行守卫”。

沙利文的“距离效应”表明，因为要和他人保持感情上的距离，所以导致了人对于他人的爱与恨这样的情感的排斥，而人与他人的关系，也因为对这种强烈的爱恨的体验，变得更加亲密或者是发生冲突。人际关系以外的那些情感，在受到压抑之后，很可能会在书籍、动物、大自然、艺术、食物等领域变得更加活泼，但这种情况并不是经常发生的。一个感情丰富的人，想要将最重要的感情压抑住，最好的办法是让他将所有的感情都压抑住，单纯地压抑那部分最重要的感情，是不现实的。上面这种情况，是推断出来的，但下面所要说的，却是不折不扣的事实。那些疏远自我的艺术家们，在青少年时期，都曾像上面引用过的那篇文章所说的那样，经历过对感情失去兴趣甚至是讨厌感情的过程，但是在创作艺术作品时，他们却能产生深刻的感受，并将这种感受在作品中表现出来。他们开始创作通常是在与别人建立亲密关系的想法破产之后，在这之后，他们会开始和别人保持一定的距离，开始一个人离开群体独立生活，也说不上到底是有意识的还是无意识的。现在的他们，想要将那些与人际关系并没有直接联系的情感表现和发泄出来，并不一定非要和其他人有着亲密的关系。这就表明，其早期的自我排斥是后来疏离自我的直接原因。

之前我们研究自给自足的时候，就曾提到过另外一个压抑人际关系以外的情感的原因，那就是凡是可能让疏远自我的人产生依靠的愿望、兴趣或是快乐的，都会被压抑，因为他觉得那是对自己的背叛。他们觉得，为了不出现丢失自由的情况，在同意感情全部流露之前，就算分析周围的情况，也一定要非常小心，只要有一点对自由有威胁的可能，他都会选择退避。当然，要是他发现，自己的自由并没有受到周围环境的任何影响，那么他的快乐也就不会受到影响。在这种情况下可能会产生的那种深切的感情体验，在梭罗的《瓦尔登湖》中有着很好的表现。有时候，患者会把自己变成一位禁欲主义者，这是因为他害怕自己沉醉于某种高兴当中，进而影响到自己的自由。这是一种很特别的禁欲主义，我们有一种更好的说法，叫作自我限制，因为这种禁欲的目的并不是为了否定自己和折磨自己。事实上，它还是比较明智的，前提是我们要承认它的理论前提。

在我们身上，必须要有一些自发的感情体验，这是非常重要的，因为只有这样才能保持心理平衡。比如，创造性对患者就有很大的好处，它很可能是一种解救的手段，如果它原本因为被压抑而不能表现出来，但是随后却在分析治疗或其他方式的帮助下，被解救了出来，患者很可能就会从其中得到很大的好处，就算出现病情痊愈的奇迹，也不是不可能。然而，想要对这种方法的治疗效果进行评判，一定要小心谨慎。首先，对于疏远自我型的患者来说，这确实是一种拯救办法，但对于其他类型来说，这种办法却并不一定合适，所以，将这种方法的疗效普遍化，是一种错误的做法，况且，这种做法也并没有彻底改变患者的神经症基础，也就是说，用“治愈”来形容最后的效果，都不算恰当。它提供给患者的，只是一种失调程度更轻的生活，对于这样的生活，患者非常满意。

患者对理智的重视程度是由感情的被压抑程度决定的，压制得越严重，患者就越重视理智，在他看来，理智的思考能解决所有的问题，只要自己找到问题就可以了，或者就好像世界上所有的问题，都能用推断来解决一样。

对于疏远自我的人来说，任何亲近的和长期的关系，都一定会对他的独处产生影响。这一点，在研究了他的人际关系存在的这些情况之后，就已经很明显了。所以，如果他的伙伴既不像他一样喜欢一个人待着，也不愿意接受他保持距离的请求，或者说在任何情况下都不理解也不愿意成全他的需要，那最后一定会产生很坏的结果。苏尔维格对皮尔·金特一片痴情，并一直在等待他回到自己的身边，显然就是这种理想的伙伴。苏尔维格知道，如果自己对皮尔·金特有要求的话，很可能会吓到他，甚至会让他的情感脱离她的控制，所以苏尔维格从来不对他提任何要求。皮尔·金特总是觉得，自己给苏尔维格的，都是自己最贵重的、从来没有表达和体验过的感情，然而，他到底付出了多少东西，他自己其实并不知道。皮尔·金特是完全有能力在某种程度上保持长久的忠诚的，前提是要充分保证他的感情距离。或许他还可能和别人进行一种短促的交往，然而，很多因素都可能促使他停止这种交往，因为这种关系实在是太脆弱了。他觉得人际关系中最重要的一种关系就是两性关系，而且他也很乐意待在这种关系当中，当然，前提是这种关系不是长期的，而且也不能影响到他的生活。而且，这种关系还必须严格限制在特定的地点中。另外，对于这种关系，他是很冷漠的，任何异性都不可以进入到自己领地内，所以，他总是把真实的关系用想象出来的关系取代。

在分析过程中，我们所描述的所有特点都会出现。在疏远自我的人看来，分析对于他的私生活来说，是一种很大的伤害，所以他从来都没有喜欢过分析。但是，他也可能很希望得到分析师的分析，这种分析，让他的视野得到了拓展，也让他对自己内心的复杂斗争有了一种直观的认识，甚至还会激发他对观察自己产生极大的兴趣。还有可能让他产生兴趣的，是他做的那些让人感动的梦，或者是自己那无限联想的能力。当他在幻想中找到证据时，他是非常高兴的，就好像科学家找到能证明自己研究的证据一样。对于分析师的关心和帮助，他很感动，但是他却不喜欢在分析师的强制和鞭策下走向充满迷雾的前方。他不喜欢分析师分析后给出的建议，觉得那会让自己处于危险当中，但事实上，他早已对可能出现的危险做好了全副武装的防备，所以就算有危险，对于这种类型人的影响也要远远小于另外两种类型的人。他不管分析师的建议是否正确，他都不会选择用合理的方式进行证明，只要是和他对生活的看法不一样，他都会选择拒绝，没有任何理由，不过在表面上，他并没有直接反对，表现得很有礼貌。他不喜欢分析师用任何方式来改变自己的愿望。对于那些让他感觉到烦恼的东西，他自然想从中解脱出来，前提是必须能保持自己的性格。他沉迷于对自己的不断观察中，但是在潜意识中，却一直坚持自己的样子，绝不改变。对于外界的影响，在他身上就只有反对这一种表现，事实上，这种表现只是大致对他的态度进行一种解释，至于其他的解释，我们将在后面进行论述。他很自然地和分析师拉开了一段很长的距离。在很长一段时间内，他都只觉得分析师是一个外在的声音，在他的梦中，他和分析师的关系可能是这样的：在两个相隔万里的国家，两个记者正在相互打着长途电话。这个梦表面上象征着他和分析师及其工作之间有着很远的距离，但事实上，这只是他意识中的态度的清晰表现。这种梦不仅是在描绘现有的感受，而是在努力解决冲突，更深层次的意思则是表达自己不想和分析师有所瓜葛的愿望，即希望分析师及其工作都不要出现在自己的身边。

最后，还有一个特点，疏远自我的人会在受到攻击之后拼了命地保卫自己的自由，这个特点不管是在分析中，还是在分析之外，都能够观察得到。这个特点在所有的神经症中都有所表现，但只有这种类型的患者，会想尽一切办法来拼命反抗，就好像是在拼命一样。事实上，努力和分析师保持距离就是这种反抗的表现，也就是说，患者在还没有受到攻击的时候，就已经偷偷用一种破坏性的方式开始反抗了。如果分析师能告诉患者，他们之间存在某种关系，或者告诉他，有某种冲突就存在于他的内心当中，并努力让他相信，那么患者可能只会把自己的一些理性想法告诉分析师，也就是说，他会用一种更婉转、更高明的方式来进行反抗。这是一种无意识的情绪反应，但是当它产生之后，患者会对其进行控制。总之，对人际关系的分析，患者一直都抱有一种抵抗的态度。一般来说，分析师和他人的关系都是纠缠不清的，所以，基本情况到底是怎么样的，分析师是很难准确了解的。患者和他人之间，一直保持着一段安全的距离，所以在听到与这相关的讨论和话题之后，他会很担心，也很忧虑，如果进行刨根问底的话，更是会让他觉得，这个分析师是来让他融入人群的。这可不是他想要的，他严重怀疑分析师的目的。所以说，患者有些不愿意，也是可以理解的。如果患者在分析师分析到最后时，明白了远离群体的缺点，就可能会产生恐惧的心理，也可能会变得很容易生气，这时候，放弃分析的想法就会出现在他的脑海中。甚至在分析以外的地方，患者可能会出现更为激烈的反应。就算是平常很和气、很理智的人，在骄傲和自由受到威胁之后，也可能会愤怒到对分析师进行辱骂。一想到参加职业团体或是参加活动，患者就会感到惊恐，想到不但要交会费还要真正参与其中，更是让患者觉得恐怖。他们在被牵扯到其中之后，一定会想办法解救自己，为此不惜付出一切代价。就算是那些受到生命威胁的人，也不见得比他们更会寻找逃脱的办法。有一位患者曾经说过，如果在爱情和自由之间，他只能选择一个的话，他一定会选择自由，绝对不会有任何犹豫。可见，对于自由的权力，他们愿意付出一切代价并用一切可能的方式去保卫，这是疏远自我型的另一种特点。无论是外在的利益，还是内心的价值，他都可以放弃，也就是说，所有可能对他的自由产生影响的想法，他都主动放弃了，其他的想法，也在他无意识中自动地进行了压抑。

不管是什么样的东西，只要能受到这种激烈的保护，那么在主观上，它就一定有着自己独一无二的价值。想要对疏远的功能有所了解并能够治疗患者，就必须要先明白这一点。我们可以看到，只要是对待别人的基本态度，都有其积极的一面：为了让外人觉得，自己和外界的关系是友善的，患者就会摆出一副“亲近他人”的态度；这是一个充满竞争的社会，为了能在这样的社会中生存，患者就会采取“抗拒他人”的态度；为了在某种程度上得到安静和尊重，患者会采取“疏远他人”的态度。事实上，这三种态度在人的发展过程中是不可缺少的，很值得拥有。它们的强制、僵硬、盲目和相互排斥等特点也只会出现在神经症当中。它原本的价值，确实因为这个原因而遭受了很大程度的降低，但却仍然有一些优点是存在的。

疏远自我的好处有很多。在所有的东方哲学中，想要达到最高的精神境界，都必须要以孤独为基础，所以人们一直都在不停地追求着它。当然，对于这种愿望和神经症的自我疏远，我们绝对不能混为一谈。“孤独”对于前者来说，是人们为了实现自我价值而选择的一条最好的道路，只要人们愿意，过上另外一种生活也不是不可能；至于神经症的自我疏远，则是后者内心的强制需求，对于患者来说，这是唯一的生活方式，当然，患者是能从里面得到一些好处的，但是要看神经症到底有多严重，才能决定好处的大小。神经症的破坏力足以摧毁一切，不过疏离型患者依旧保留一定的诚信。尽管这一点诚信对于人际关系普遍友好的诚信社会来说显得特别可怜，几乎不值一看，可是放在一个充斥着妒忌、贪欲、虚伪和残酷的社会中，却不能忽视了，它能令一个没有足够能力保护自己的人受到伤害，因此，单是为了维护尊严，就显得很有必要与别人保持距离。另外，神经症能够让一个人丧失内心的安宁，但有一种办法可以让他重新获得这种安宁，那就是自我疏离。依靠这种方式获得内心安宁，需要付出相应的沉重代价。还有，患者虽然蜷缩在自己的“魔法屏障”里，可他并不能彻底抛弃情感生活。自我疏离拥有一种力量，能够让他拥有某种独特的情感和创造性思维。最后要说的就是创造力，患者对他所生活的世界所持的态度，以及他的精神紊乱得到一定的缓解，所有这些因素都有助于让他表现出他的独特创造力。这里必须申明，我只是说自我疏离能够帮助神经症患者获得一种表现潜在创造力的机会，而不是说创造力产生于神经症的自我疏离。

尽管自我疏离对于神经症患者来说有这么多好处，但是患者不惜代价地维持独立却并不是因为它。哪怕在特定条件下，自我疏离带来的好处远大于它所带来的烦恼，可是依旧不是患者不惜代价捍卫它的原因。我们通过这一观察，看到了问题更深层次的部分：如果我们硬要让自我疏离的人去亲近别人，很可能会令他的精神四分五裂，换个普遍使用的术语来说就是精神崩溃。我使用这个术语是因为它所包含的精神类疾病比较广泛，比如酗酒、自杀、抑郁、丧失工作能力、精神错乱和功能性障碍等。患者很容易误认为精神崩溃之前所发生的某一件事是导致他精神崩溃的罪魁祸首。有时候精神分析师也会陷入这样的误区。这一“罪魁祸首”可能被认为是丈夫瞒着妻子在外面“偷腥”；一段同性恋经历；平白无故受到了歧视；妻子大吵大闹；上大学时别人不喜欢他；以前有家人照顾他，现在却要自食其力，等等。这些事件有可能是诱发精神崩溃的原因，但更有可能不是，因此分析师必须仔细考察，尽可能理解患者的某种症状，以及真正引发这种症状的困难是什么。不过，光是做到这些依然不够，还有一些疑问没有得到解答，比如，这件事为什么对患者的影响如此深远？它只不过是一次很平常的挫折或打击，可为什么能够打破他的整个心理平衡？这意味着，分析师不光要了解患者在面对某种困难时所做出的反应，还要了解这么小的一件事为什么会对他造成如此严重的后果。

我们必须说明一个事实，自我疏离倾向与其他神经症倾向都有某种作用，那就是让患者获得一种安全感，如果患者不能通过自我疏离获得安全感时，他就会陷入焦虑状态。明白了这一点后，我们就能回答上面的问题了。患者是为了获得一种安全感，才选择疏远他人的；无论对方出于什么目的，只要侵入他的“魔法屏障”，他就会感到不安全。这样我们就能够理解，自我疏离型患者有时候会感到恐慌，是因为他无法维持自己与他人之间的情感距离。我们还应该补充一点，他没有能力应对生活，所以只能以冷漠来避免与他人打交道，而当他无法避开时就会感到恐慌。这再一次证明，自我疏离倾向与其他神经症倾向之所以拥有显著的不同，正是因为该倾向包含了这样一种消极性。说得更具体一点，自我疏离型患者在面对困难时，既不会主动去解决困难，也不会逆来顺受接受困难；他并非没有感情，只是不愿表达感情；他既不会据理力争，也不会跟别人合作。他就像一只正被追捕的野兽，除了逃跑和躲藏，找不到其他摆脱危险的办法。患者偶尔会联想到在森林之外不堪一击，可在森林里绝对无敌的俾格米人[①]，或者在梦境中也可能出现类似的场景。或者，也可以将他比喻为一座中世纪的城市，必

① 俾格米人是尼格罗－澳大利亚人种中的一个类型，分布在非洲中部，拥有强健的体魄，自称“森林之子”。——译注

须依靠城墙的保护，一旦城墙被攻破，敌人就会像潮水般涌进来，整座城市瞬间沦陷。如果我们知道了他处于这样一种状态，就能理解他为什么对自己的生活充满焦虑感了，也能够明白他为什么竭尽全力去维持自己与他人的距离了。因为它是他用来防御一切潜在威胁的坚实堡垒。每一种神经症倾向从本质上来说都是一种防御策略，大部分倾向都是患者全力应对生活时做出的积极反应，只有疏离倾向比较特殊。当患者的主导倾向为疏离倾向时，他就只能以一种孤立无援的方式来应对生活，长此以往，疏离最终会变成他最重要的防御手段。

还有一个容易让人忽视的原因，同样能够导致患者坚决维护自己的孤立。害怕自己的堡垒被攻破，害怕自我孤立遭到干涉，由此而生的恐惧感不可能只是暂时的，另外，这种情况还可能导致精神紊乱，甚至人格分裂。如果分析期间患者的自我疏离状态遭到干涉，他必然会感到恐慌，而这种恐慌很可能以直接或间接的情绪表现出来。患者可能会变得特别害怕待在人多的地方，因为这使他无法维持自己的孤立状态，必然会感到惶恐不安。另外，因为他缺乏自我保护能力，他会感到自己正处于具有攻击性的人的强迫和掌控下，这同样让他感到惶恐。除此之外，他还担心自己精神失常——这种可能性相当大——因此竭尽全力不让这种事情发生，致使他出现了第三重惶恐。

这种精神失常与发疯不能一概而论，它的根源也并不是他不愿意为此负责，而是他害怕自己的人格分裂，通常这种情况更多地出现于幻想时和做梦时。因此，放下自我疏离，就意味着他要直面自身的冲突，这对他而言就像一棵树木遭到了雷电的打击一样——在我的患者当中，有一位就出现了这样的幻想——他根本无法承受，也没有能力劫后余生。经过观察，这一假设已经被证实了。内在冲突这一说法，令那些有着强烈自我疏离倾向的人感到极为厌恶，甚至无法压制这种厌恶感。当分析师谈及这个话题时，这类患者就会左躲右闪，声称听不明白分析师在说什么。每次分析师成功地让他们触及自己的内在冲突时，他们都会像本能反应一样避开这类话题，并且做得非常娴熟。让他们意识到自己存在冲突，会令他们陷入惶恐，因为他们尚未做好承认冲突的思想准备。想要让他们从容不迫地认清自身存在冲突，就需要让他们置身于内心的安全领域，可这样又会加重他们的自我疏离倾向。

由此看来，自我疏离是患者在面临内在冲突时的一种自我保护策略，它是基本冲突的一部分，是固有的。这个结论似乎令人难以理解，不过我们可以通过具体的研究来找到答案。当基本冲突出现时，一种自发的应对策略就是自我疏离。说到这里，我们需要重申一遍，占据主导地位的某种基本态度并不会影响其他态度发挥作用。相比另外两种类型的人格，疏离型人格所表现出的多种矛盾倾向更加明显。在患者长大成人的过程中就形成了这些倾向。这一类往往先经历了顺从依附和对抗，才形成了自我疏离倾向。与另外两种类型的人格截然不同，疏离型人格的价值观相当矛盾。他对自以为是的自由和独立看得过于重要。在分析期间，时而会对怜悯、善良、慷慨和自我牺牲这类品质孤芳自赏，时而又会将丛林哲学和利己主义那一套凌驾于一切之上。这种矛盾的表现令他自己也感到奇怪，然而在理智上，他会坚决否认它们的冲突本质。分析师必须了解整个结构，通观全局，如果只顺着一个方向卖力挖掘，只会越来越困惑，最后钻进死胡同。要知道，自我疏离是患者最擅长使用的绝招，分析师的分析通道每每遭到封堵，就像船上的防水隔舱被关闭一样。

其实，有一个非常简单而又滴水不漏的逻辑包含在自我疏离型患者的这种特殊“抗拒”中——他不愿意认清自我，也不愿意和分析师打交道。他害怕正视自己的冲突，也害怕自己的人际关系在分析时暴露。对于分析冲突，他毫无兴趣，这一点只要我们看清了问题的根由就不难理解。而问题的根由就在于，他希望独处，因为只有当他和别人保持足够的距离时，他才不会因为人际关系的不和谐而感到焦虑不安。分析师越是想将他从自我疏离中拉出来，他的抗拒越会严重，分析师所点明的冲突令他更加烦乱，因此他固守城池，干脆不相信分析师。前面我们已经说过了，这种下意识的逻辑，是有一定的积极作用的。他这么做，是为了逃避一个现实——他无法在孤立状态下成长和发展。

让关键冲突失去其本来效果，就是神经症自我疏离的首要功能。它能有效应对冲突，所以患者不惜采取最激进的办法，饮鸩止渴。自我疏离就是借助逃避来应对冲突的一种策略，当然，和大多数神经症一样，积极作用只体现于表面上，其实并不能真正解决问题。患者始终无法真正摆脱依附、支配、利己等强迫性需求。尽管这些需求并不影响他们正常思考，可是却在时刻奴役他们。患者一天不从相互矛盾的价值观中解脱出来，就一天不能真正获得内心的平静和自由。

# *Chapter 06* 第六章

# 理想化形象

讨论了患者对他人的基本态度，我们熟悉了患者试图解决冲突的两种主要方法，更准确地说是两种应对冲突的方法，一种是为了压制一种人格倾向，而突出与它对立的人格倾向；一种是自我疏离，避免与他人产生交集，而将冲突隐藏起来。这两种方法都能发挥效用，让患者拥有一种统一感，但是患者要为此付出很大的代价。

患者总是试图为自己创造一种“就是”，或者在彼时彼刻“觉得是”或“应该是”的形象。无论患者是否意识到了这种形象与现实存在鸿沟，它都切切实实地影响着患者的现实生活。而且，它能让患者感到满足，欲罢不能，就像《纽约客》[①]上的一幅漫画一样，一位膀大腰圆的中年妇女在镜子里看到的自己，居然是一位苗条的少女。这种形象的特点因人而异，具体取决于人格结构。患者喜欢什么，他所创造的形象就能够提供什么，并且无限放大，比如美丽、聪慧、天赋、爱心、诚实、

① 《纽约客》(*The New Yorker*)，又译为《纽约人》，是一份涵盖新闻报道、文艺评论、散文、小说、诗歌、漫画以及纽约文化的综合杂志。——译注

权力，等等。但无一例外，这些全都是假象。患者正是通过这些假象获得优越感。“优越”这个词，容易被当成“目中无人”的近义词，不过它的实际内涵是将不具备的或者现在未体现出来的品质当成自己所拥有的品质。因为是假象，患者的这种优越感极为脆弱，所以迫切需要得到别人的认可和肯定。显而易见，如果我们自信自己拥有某种品质时，完全不需要让别人来证明，而如果实际上我们并没有，只是希望自己有，那么就会对此非常敏感，总是害怕别人提出质疑。

这种理想化的形象，在精神错乱者身上表现得尤为明显，他们歇斯底里地抬高自己的形象。而在神经症患者身上，虽然妄想的程度小一点，但同样表现得十分明显，而且同样认为那是真实的。理想化形象与实际情况间的差距，可以为我们提供一个区分精神错乱症和神经症的参照，我们也可以视这种理想化形象为神经症与轻微精神错乱相结合的产物。

从本质上来看，理想化形象是一种无意识现象。神经症患者的自我陶醉，哪怕在一个外行的观察者眼里都是非常明显的，但他自己却意识不到他把自己理想化了。至于理想化形象中包含了多少种奇怪的特点，他同样一无所知。他可能会隐约意识到他正在过分要求自己，不过他会错误地把这种对完美的追求当作真实的理想，他会为此感到自豪，而丝毫不会怀疑它的正确性。

患者的兴趣焦点，决定了他对自己的态度受到了他所创造的理想化形象的多大影响。如果患者有意识地让自己相信他的形象符合自己所创造的理想化形象，那他就会坚定地相信他其实就是一个才华横溢、无可挑剔的人，即便有缺点，这些缺点也是超凡脱俗的。然而当患者认清真实的自己，他就会轻视和贬低自己，因为与理想化形象相比，真实的自己实在太逊色了。自我贬低所产生的自我形象，同样会被过度夸大，就和理想化形象一样远离实际，我们把这种自我贬低产生的自我形象称之为蔑视形象。如果患者意识到了理想化形象与真实自我之间的差距，他就会不惜一切地企图抹去这种悬殊，尽量维护自己的完美形象。我们会从他口中听到没完没了的“本该”：我本该有什么感受；本该怎么做；本该怎么想……他觉得自己天生完美，这一点很像自恋者。他相信，只要对自己再严厉一些、考虑得更周密一些、更小心一些、更自律一些，他就能够百分百完美了。

理想化形象和真正的理想之间存在一条分水岭，理想化形象是一种永远无法达成的目标，它是静止的，是一个人们所膜拜的没有生命力的石偶泥胎。而真正的理想具有能动性，它能刺激人们去接近它，在人的成长和发展过程中不可或缺。真正的理想引导人谦逊，理想化形象让人自高自大。理想化形象要么让人否认自己的缺点，要么让人过分谴责自己的缺点，所以它只会成为实现理想的障碍。

人们很早以前就认识到理想化形象了，每一个时代的哲学著作中都有提及，尽管对它的界定有所不同。弗洛伊德在神经症理论中提到的自恋、超我、自我理想等都是它的别名。阿德勒称其为“为当人上人而付出的代价”，它也是阿德勒心理学中所讨论的核心论点。要是详细讨论这些观点与我的观点之间的差异，未免偏题了。总的来说这些理论并没有从全局出发来观察这种现象，而只是抓住了理想化形象的某一个方面。这种现象有什么样的影响力，以及它的重要性，并没有被这些科学家们真正认识到，比如弗洛伊德、阿德勒、弗朗茨·亚历山大、保罗·费登、伯纳德·格鲁克、欧内斯特·琼斯等，他们都没有对它进行详细的论述和证明。

理想化形象的一大重要性就是，它能满足人们的基本需要。这一点已经获得了科学家们的一致认可，无论从何种理论、何种角度来解释这一现象，无一例外地都将其解释为神经症患者牢不可破的堡垒。弗洛伊德在他的著作中谈到，在分析过程中，最大的障碍之一就是患者的根深蒂固的“自恋”。

理想化形象最根本的作用，就是让人脱离现实、妄自尊大、无端自信。一个长期受神经症困扰的患者，因为早期所遭受的破坏性经历，连建立自信的机会都没有。即使他还有一点自信，可自信所依赖的必要条件总是遭到摧残，而这些条件又无法在短期内形成，最终在神经症的发展过程中这一点自信会变得越发微不足道。建立自信的关键性条件包括活跃、可发挥实际效果的情感力量；有能力在自己的生活中积极主动地发挥作用；能够不断向着自己的真实目标前进。而这些因素很容易随着神经症的发展而被摧毁殆尽。首先，患者不能主动做出决定，只能被动接受，他的决策能力会越来越弱。其次，患者对他人的依赖程度会与日俱增，无论他是以哪种形式表现这种依赖，如盲目企图成为人上人、盲目疏远他人、盲目敌对、抗拒他人，等等，他会因为这些依赖而无法决定自己的人生道路。再者，患者的大部分情感都遭到压抑，致使这些情感失去其原本的巨大作用。因为这些原因，他想要实现自己的目标几乎变得不可能。还有最重要的一点，患者失去了自己的立足根基，因此不得不夸大自己的能力和重要性，这种基本冲突最终会造成他人格上的分裂。患者相信自己能力无穷，而理想化形象成了他不可或缺的一部分。

除了第一个作用，理想化形象还有第二个很重要的作用，这一作用和第一个作用密切相关。患者无力面对他认为充满危险的世界，只有避开他人，那种孤独脆弱感才会减轻甚至暂时消失。在现实的威胁下，他必须时时刻刻跟他人进行比较，这不是因为他喜欢幻想或虚荣心强，而是因为他害怕受到别人的欺骗、侮辱、控制和敌对。他打心眼儿里感到自己卑微、脆弱，为了让自己不这么难受，他需要从自己身上寻找到一些了不起的品质。这种能带给他优越感的品质可以是高雅，也可以是残忍；可以是友好，也可以是刻薄，不过这些优越感和想要超越他人的倾向还是有些区别的。无论何种结构的神经症，都让患者有种脆弱感，他总是觉得别人在轻视他，因此感到极度屈辱。为了消除这种屈辱感，他需要一种报复性的胜利，多数情况下体现为战胜他人。这种需要，患者可能意识到了，也可能没有意识到，但它必然存在于并作用于患者的思想。对神经症患者来说，它是一种重要的驱力，刺激患者迫切渴求优越感；使得患者的这种渴求带有特殊色彩。现代文明中人与人的激烈竞争关系，使得人们千方百计想要出人头地，也助长了神经症的滋长。

真实的自信和自豪如何被理想化形象取而代之，我们已经有所了解了。实际上理想化形象还有另一种取代作用。神经症患者的理想是自相矛盾的，并且连他们自己也搞不清楚自己的理想是什么，所以这些理想对患者没有丝毫约束作用和指引作用。患者之所以还能拥有一定的生活目标，正是因为自己创造的虚幻追求给他的生活带来了某种实在意义。所以，当他的理想化形象被一步步粉碎时，他会有种无比巨大的危机感。有很多分析案例体现了这一点。患者只有在彼时彼刻才能意识到自己的这种理想存在问题，他会感到格外困惑。虽然在此之前他可能嘴上会说自己非常重视这个问题，但实际上他根本不在乎，也不理解。只有在这种情况下，他才能够明白理想是有真实意义的，而且想要厘清自己的这种理想到底是什么。我认为患者的这种体验证明了理想化形象对真实理想的取代。理解理想化形象的这一作用，对临床治疗有着积极意义。在治疗早期，分析师可能已经指出患者价值观中存在的矛盾，但是他不能期望患者在这一问题上积极配合，只有帮助患者完全丢掉他的理想化形象，才能够着手解决患者相互矛盾的价值观。

理想化形象的特点是僵化，这种僵化是它的多种功能中的一项特定功能造成的。如果我们自视过高，觉得自己十全十美，那么所有的缺点以及所犯的错误都会被粉饰为优点。这好比原本坑坑洼洼、又破又旧的墙壁，出现于某幅优秀的画作中，映入观赏者的眼帘后，就变成了灰色、浅红色和褐色的完美搭配，而不再是墙壁原本的形象了。

理想化形象的第四个作用就是它的防御功能。我们不妨先提出一个简单的问题，以便更好地理解它的这一作用。这一个问题就是，人们为什么会把某些东西视为自己的缺点和错误呢？似乎这个问题难有标准答案，各种各样的可能性都有，不过我相信总有一个相对具体的答案：一个人把什么东西视为自己的缺点和过错，取决于他自己接受什么和不能接受什么。然而，在相近的文化条件下，起主导作用的往往是基本冲突中占据上风的因素。比如，软弱和畏惧对于对抗型人格的人来说是绝对可耻的，他们会千方百计遮掩这类缺点，甚至会将温柔也视作软弱，极力鄙视，但对于顺从型人格来说，这完全不能算作缺点，相反，顺从型人格的人会把敌意和攻击性看成是罪恶的表现。无论属于哪一种人格类型，他都会拒绝承认他所乐意接受的那一部分自我其实是假象。顺从型人格会竭力否认他的慷慨和友爱是假的；疏离型人格之所以疏远他人，保持冷漠，并不是他自己选择的，而是因为他无力应付他人，但他往往会矢口否认这一点。这是两类抗拒施虐倾向的人格（后面再加以论述）。于是，我们得出这样一个结论：被患者认为是缺点并加以抗拒的东西，往往是那些与他对待他人的态度不协调的东西。换句话说，否认存在冲突，就是理想化形象的防御功能，这也是理想化形象僵死不变的根由。我以前非常困惑，为什么让患者相信他其实并不突出、并不如他想象的那么重要如此困难，直到我意识到这一点后才明白，患者之所以据理力争、寸步不让，是因为他不想面对自身存在的冲突。承认缺点就意味着他要正视自己的冲突，而这会使他辛苦建立起来的虚假和谐遭到威胁。我们可以总结为：患者自身的冲突越严重，就代表他的理想化形象越复杂、越僵化，换句话说，理想化形象的僵化程度，与冲突的激烈程度是正相关的。

理想化形象不光只有前面所说的四个作用，它还有第五个作用。这一作用同样与基本冲突密切相关。除了将不想面对的冲突遮掩起来，理想化形象还有一个积极的出发点。它就像患者创造出来的一种独特技艺，能够呈现出一种多种价值观和谐统一的假象，或者说，至少患者本人认为它们是统一的。我扼要地举几个例子，向大家呈现几种冲突，以及它是如何出现在理想化形象中的。

X 是一位以顺从应对内心冲突的患者，他对他人的赞同、关爱和照顾极度渴望，他想要变得富有同情心、慷慨、温柔、友善；冲突中占据第二位的倾向是自我疏离，他害怕别人逼迫他，讨厌任何聚会，特别喜欢一个人待着，这样就不用与他人发生联系。

他有亲近他人的渴望，但他的疏离倾向又时常与这种渴望冲突，导致他与女性的关系很糟糕。他还有明显的攻击性驱力，凡事都想争第一，表现为他对别人的间接支配和偶尔的直接利用，并且，无论遭到任何阻挠，他都无法容忍。这种倾向又与他的自我疏离倾向彼此冲突，而且必然导致他求偶和交友的能力降低。他并没有意识到这些驱力，于是虚构出了一个理想化形象，将这三个角色组合在了一起：他是世界上最善良友好的男人，所有女人的目光都应该集中在他的身上，他是她们的良师益友；他是一位万民敬仰的领袖，整个时代最不平凡的人；他领悟了人生的意义和生命的价值，他是一位智者，是一位哲人。

这种结构的理想化形象绝不只是想入非非。在这些方面，患者确实具有相当高的天分，不过他把天分与事实等同起来了，认为天分就是结果。而且当他自认为具备这些天赋和才能时，他便意识不到这种驱力其实是强迫性的。他需要别人的友爱和认可，这是一种神经质的需求，但他认为自己拥有爱的能力；他认为自己拥有杰出的天分，所以就没必要奋勇争先，去和别人比较；他认为自己不需要和别人距离太近，因为智慧超群，无所不能。最终，他就通过以下这些方式掩盖了自己的冲突：相互冲突的几种驱力被他神圣化，于是它们不再是阻碍他发挥潜力的东西，而是他“完美人格”中相辅相成、一样也不能缺少的几种力量；他将冲突的三个方面隔离开来，分别担任一个完美的角色——这就是他的理想化形象。

将相互冲突的因素隔离开来具有重要的意义[①]。我们可以看一个例子。自我疏离是Y的主要倾向，并且非常极端，因为他的自我疏离倾向具备前面所述的所有特征。另外，Y还有顺从倾向，同样十分明显，不过因为这一倾向与他对独立的渴望相悖，所以被Y有意无意地无视了。他有的时候很想和别人友好相处，并渴望亲近他人，以挣脱压抑的外壳，但是这跟他的独立需求严重冲突。因此，他就在自己的幻想中，将自己变成一个冷酷无情的人。他喜欢幻想自己大开杀戒，把所有干涉他正常生活的人都杀死。他丝毫不否认自己是一个信仰丛林哲学的人，坚信追求个人利益天经地义，强权便是真理，而只有这种生活才是真实的、合理的。可实际上，他极少展现自己强硬的一面，相反，他非常怯懦。

他的理想化形象有如下奇特的角色组合而成：在多数情况下，他是独居山中的隐士，睿智、淡泊；但有的时候他又变成狼人，暴虐、冷酷；不仅如此，有时候他还自视为良师益友和

① 史蒂文森用经典的话语描述过双重人格。他的“化身博士”，就是将人格中发生冲突的方面分离开来，以此创造出来的人物形象。化身博士意识到自己同时具有善的方面和恶的方面时，他说：“长久以来……我一直有一个美妙的梦想，如果我能将自己的各种品质分别寄存在不同的身体中，生活必将不再那么难以忍受。我的梦想就是，把这些相互冲突的特性分离开来。”——原注

完美情人。

通过上面的这个例子，我们同样可以看到：患者将潜能等同于事实，有自我膨胀的倾向，而且否认自己有神经症倾向。患者无法摆脱这种冲突，因为他连调和冲突的尝试都不愿做。但很显然，这些倾向与真实的生活相比，显得更简单、纯粹。它们被孤立开来，看起来相安无事，冲突也就隐而不见，这正是患者需要的。

我们再举一个例子，这个例子中患者的理想化形象使得他的倾向看起来更加和谐统一。Z的攻击倾向占主导地位，这能从他的诸多行为表现中看出来，另外，他还有施虐倾向，他喜欢控制别人，让别人按照他的意愿行事。他野心勃勃，战意高昂，不知餍足；喜欢拉帮结派，并且善谋善战；他刻意奉行丛林哲学那一套。他不愿与“凡夫俗子”待在一起，但又做不到离群独居，因为他的攻击驱力迫使他需要经常与群体打交道。他行事慎独，不愿意与他人一起分享快乐，尽管没有他人他自己无法得到这种快乐。他努力不让自己跟别人产生交集——这一点他做得很成功，因为他对别人的积极情感，早已被深深压抑了，仅有的亲近渴望也只是性需求。但是，由于他渴望别人的认可，而且还有明显的顺从倾向，使得他对权力的追求受到干扰。与此同时他自己的道德准则也会产生作用，本来这些标准是施加给别人的，而当这些标准作用在他自己身上时，就与他的丛林哲学彼此冲突了。

在他的理想化形象中，他是一位有远见卓识，永远追求正义的骑士；他从不勾朋结党，向来遵循严格而公正的纪律来行事，所以他还是一个不凡的人物；他一向真诚，不虚伪，所有女人都喜欢他，把他视为完美情人，而他不会对任何一个女人动心。就这样，患者的目的达到了：所有基本冲突中的因素都混融在了一起，就和前面的那个例子一样。

理想化形象被创造出来的目的，就是为了尝试缓解基本冲突，这和我们之前谈到过的其他尝试是一样的，都有重要意义，以及巨大的主观价值。它就像黏合剂，可以把被分裂的人格黏合在一起。它对患者与他人的关系产生了决定性的影响，尽管它只是患者幻想出来的。

理想化形象可以被称作一种虚构的、幻想的自我。但这很容易误导我们，事实上它只说对了一半。在创造理想化形象时，患者凭借的仅仅是自己的主观愿望。这听起来实在令人吃惊，而当它发生在一个老实巴交的人身上时，就更令人惊讶了。不过，理想化形象并不是毫无依据的空想，它和诸多现实因素有所牵连，这是它们共同作用的结果。虽然他那不切实际的成就感是幻想出来的，但他真的具有那样的潜力，因此理想化形象通常也反映出了患者的真实理想。说得更准确一些，正是患者有这样的真实心理需求，才会创造出理想化形象。它对患者产生了切实的作用，这种影响力是真实的。这就意味着，了解理想化形象的特点，必然有助于更精确了解患者的真实性格结构，因为它的产生具有规律性，这一点是毋庸置疑的。

神经症患者坚信他所幻想出来的理想化形象是真实的，无论其中有多少水分。他越是坚信，他的理想化形象就越是顽固、僵化，而他的真实自我就被压抑得越深。理想化形象让他不辨真假，颠倒错乱。这些作用的共同目的就是，抹杀真实的人格而突出理想化的自我。有大量案例表明，很多时候理想化形象相当于患者的救命良药。如果我们知道了这一点，就可以理解为什么当理想化形象受到威胁时，患者会激烈反抗，因为这是理所当然的，或者说起码是符合常理的。在患者的心里，这种理想化形象是完美的、真实的——尽管这种感觉是他自己虚构出来的——这令他获得了强烈的存在感和优越感，并且各种倾向变得和谐统一。譬如，当他认为自己比别人优秀时，他就会觉得自己有资格提出自己的主张或要求。而如果这种形象被无情撕裂，他必然会有强烈的危机感，他会认为自己是渺小的、卑微的、多余的；当他看到自己的各种缺陷时，就会觉得自己无权提出任何要求。这并不是最可怕的，最可怕的是他要直面自己的冲突，而那些冲突甚至有可能让他精神分裂。可能分析师会告诉他，这些矛盾的感受要比他的理想化形象宝贵得多，他的这种处境正是他转变为一个真正优秀人物的开端。但事实上，这一转变需要很长时间，就目前而言，对他毫无效用，所以他会觉得这是一场毫无把握的冒险。所以唯一的感受就是恐惧。

理想化形象的主观价值非常巨大，既然如此，那它的地位应该非常牢固才对，但事实上不是这样，因为它存在弊端。首先，这间装满宝物的“房子”里也装满了炸药，它随时都有崩塌的危险。患者实际上脆弱不堪，但凡遭到外界的质疑或批评，或者某一个举动与他的理想化形象不符，他内心的冲突就会浮现出来，他的这个“藏宝屋”就可能爆炸或者崩塌。患者只有限制自己的生活才能避免遇到这样的危险。他必须逃避没有绝对把握的任务，尽量回避得不到别人赞美和嘉奖的场合。在他自己的设想中，以他的天赋，只要愿意就能用画笔画一幅好作品，而依靠努力才能实现愿望的人都是庸人。所以他厌恶一切真实的努力。假如让他和别人一样努力，他会感到这是一种耻辱，因为这等于让他承认他是一个庸才。由于实际上任何成就都有赖于努力，他的这种态度正好使他追求的目标变得越来越遥远。也因此，他的理想化形象和真实的自我之间的差距与日俱增。

他一味地期待别人的认同，包括别人的赞赏、钦佩和奉承等。然而这些只能给他暂时的安慰。他可能意识不到，所有能在知识、见解、与人打交道等方面胜过他的人，或者较为优秀的人，都会遭到他的厌恶，因为他对自己的过高评价受到他们的威胁了。这种厌恶的强烈程度与他对理想化形象的依赖程度是正相关的。如果他本人的骄傲受到了打压，就可能盲目崇拜那些公然宣称自己的重要性并表现出盛气凌人的举动的人。他爱的是在他们身上看到的他自己的理想化形象。但是他早晚会发现，自己所崇敬的那些“神”从来没有在乎过他，他们只关心他在他们脚下烧了多少炷香，那时，他又不可避免地陷入深深的失望之中。

理想化形象可谓自我疏离的孵化基地，这是理想化形象的最大弊端。我们压抑或扼杀自己的重要组成部分，必然会与自己疏离，这种变化是在神经症的发展过程中逐渐形成的。而神经症的形成不易察觉，尽管它有着自己的基本特征。患者会丧失真实的自我，详细点说，他会遗忘自己的真实感受、爱好、厌恶和信念。他不知道正活在自己的理想化形象当中。关于这一过程，有比临床描述更有说服力的证据，比如詹姆斯·巴里的小说《汤米与格里泽尔》中的汤米。患者这么做，使得他的真实生活危机四伏，然而一切都要归根于他给自己编织了一张无法脱身的“蜘蛛网”，也即将问题合理化和无意识的托词。患者失去对生活的兴趣，因为生活者并非他自己；他做不出任何决定，因为他不知道真正想要什么；除非出现了困难和麻烦，他才会如梦方醒——正是因为他不了解真实的自己，才有了所有的这些表现。那层遮蔽真实内心的雾纱，必然会延伸到外部世界，我们只有认识到这一点，才能够理解他的整个生活状态。不久前，有一个患者说了这样一句话来概括他的状况：要不是真实世界的干扰，我肯定会过得比现在更好。

理想化形象固然是患者创造出来以应对基本冲突的，可实际上它的害处要远远大于它所能带来的好处，因为它在患者的人格中造成了新的裂隙，其危险性更胜从前。简而言之，当一个人无法容忍自己的真实形象时，他才会创造一个理想化形象。理想化形象的出现，貌似可以补偿他对真实形象的不满，可最终的结果却是，他会变得更加无法容忍真实的自我，更加蔑视自己，不满自己，因为他把自己过分拔高了，而使得他根本无法达到心目中的自己，因此会越发苦恼。他在理想化自我与真实自我之间痛苦挣扎，在自我欣赏和自我歧视之间左右徘徊，迷茫困惑的他找不到一个可以停靠的港湾。

新的冲突也就此产生。一方面，他在两个相悖的倾向上同时做着努力，而且是强迫性的；另一方面，他内心的失衡让他固执己见，而这种固执己见令他所做出的反应，和一个人对政治独裁的反应别无二致。他时而在内心里认同这种独裁，即是说，觉得自己就表现为内心所告诉他的那样完美无缺；时而，他又会歇斯底里地要求自己向着那个标准努力；时而，他又会对抗这种内心的强迫，拒绝承担内心强加于他的任务。

假如他以第一种方式做出反应，就无法察觉身上实际存在的裂隙，他就像一个“自恋者”一样出现在我们面前，拒不接受任何批评。假如他以第二种方式做出反应，就会表现为像一个“完美者”一样，就像弗洛伊德所说的超我型。假如他以第三种方式做出反应，就会表现为对任何事情都持否定态度，拒绝对任何人和事负责，每一个举动都不伦不类。

我之所以用“表现为”，是因为他的任何一种反应，从根本上说都是在挣扎。甚至就是那种平时总认为“自由”的反抗型患者，也试图推翻强加给自己的这种标准；他也用这种标准去衡量他人，这只能证明他还受制于自己的理想化形象。患者很可能会在某一个特定的时间从一个极端走向另一个极端。比如，他可能在某个时期想做一个大好人，但并没有从中得到什么安慰，于是紧接着便走向它的对立面，坚决反对这种“好”的标准。他也可能从孤芳自赏忽然转向追求完美。更多的时候，我们看到的是这些态度的混合体。于是，我们可以看到这样一个事实，他的所有尝试都是失败的，因为它们注定了要失败，这一事实用我们的理论很容易解释。它们应该被看作是患者为摆脱难以忍受的处境而采用的手段。在任何一种困难当中，我们都会看到这些手段被轮番使用的情况，一种不行，就换另一种。

正是因为这些尝试，使得患者的正常发展遭到阻碍。他看不到自己的错误，所以无法从错误中汲取教训。他会越发不在意自己的成长，因为他觉得自己已经取得了成功。而他自己所谓的成长，就是创造一个更加完美的理想化形象，不存在任何缺点的形象，这完全是他在无意识的情况下进行的。

因此，让患者意识到自己的理想化形象，便成了分析师的首要任务。因为只有这样，才能帮助他慢慢认识到它所发挥的作用带给他怎样的苦恼，以及它的主观价值。做到这一步后，患者可能会犹豫不决，暗中权衡是否值得做出这样的牺牲。但无论如何，患者想要摆脱理想化形象，首先就要停止创造理想化形象，不再依赖它。

# Chapter 07 第七章

# 外化作用

我们已相当清楚，患者为了缩小理想化形象与真实自我之间的差距所做的所有努力都是徒然的，最后的结果只能是让这种差距变得更加巨大。可患者不得不接受它，并且给自己找各种接受它的理由，这是因为理想化形象确实存在不容忽视的主观价值。在下一章里，我们会探讨患者所尝试的各种各样的方法，但在本章我们只讨论一种，这种方法并不广为人知，但它对神经症结构的影响极为深远。

这种方法，我称之为外化[①]，它是这样一种行为：患者将内在的变化过程感受为发生在自身之外，于是笃信是这些外在的因素导致了自己的麻烦。外化倾向同样是一种回避自我的表现，这一点与理想化形象没有本质区别。不同的是，理想化形象依旧是在自我疆域内，对真实人格进行粉饰和再加工，而外化倾向则意味着患者彻底抛弃了自我。简单概括，患者为了躲避基本冲突，于是创造了理想化形象，可当理想化形象与真实

① 首先采用这一定义的是施特莱克和阿贝尔，请参阅1943年麦克米伦版的《发现我们自己》。——原注

自我间的差距大到让他无法忍受时，他就无法再从中获得安慰了，所以他必须想别的办法，而此时唯一的办法就是把任何事情都看成是发生在自身之外，也即逃离自我。

这种现象相当于将个人问题客观化，所以其中至少有了投射这一行为。投射的一般概念是，把自己不喜欢的倾向或品质视为他人身上存在的东西，如伪善、卑微、支配、背叛、野心等，假如自己身上存在这类倾向，便怀疑他人身上也有。那么，从“投射”的这一解释出发，把它用到这里就没有什么不妥了。不过，外化除了“推卸”之外，还包含更加复杂的东西。患者不仅把过失当作是别人的，甚至在一定程度上把自己所有的感受都当成是别人的。比如，一个生活在相对弱小国家的有着外化倾向的人，他感受到自己的国家正在遭受压迫，并为此忧心忡忡，但他无法感知作用在他自己身上这种压迫。再比如，别人的绝望他能感受到，可他自己的绝望他却感受不到。这里面包含一个很重要的逻辑，他对自己的态度，他是意识不到的。当他恼恨自己时，往往会感受为别人正在恼恨他，或者他正在恼恨别人。他把自己的快乐、苦恼、成就等全都归结为外部因素造成的。当他心情好时，会认为这是因为天气好；当他取得了某种成功，会认为这是受命运女神的眷顾；当他失败了，他会认为这是他的宿命。

这样的人，会把所有心思都浪费在影响他人、改变他人、惩罚他人，或者保护自己不受他人侵扰这些想法上，因为他觉得，无论是好日子还是坏日子，都是别人给予的。由于这种外化作用，他必然会越发依赖他人，依赖外部环境。不过他对别人的这种依赖，和神经症中被人喜爱的需求所产生的依赖是不一样的。荣格将这种人格称之为外倾型人格。这种人格的人会过分看重自己居住在市中心还是郊区，吃的食物是这种还是那种，属于这个群体还是那个群体，上床早还是晚。荣格认为外倾型人格是气质倾向片面发展的一种表现，但我认为外化行为是患者用来尝试消除冲突的一种策略。

外化作用所导致的另一个结果是，患者痛苦地意识到一种空虚和肤浅，但是这种感受同样被他弄混了。他强迫自己大量吃东西，因为他觉得自己腹中空空，却意识不到这种空虚其实是情感上的。他感觉自己像羽毛一样轻飘，随时都可能被风吹走，于是在他的感知里，这是因为自己的体重不够。在接受分析治疗时，他可能会觉得如果自己被分析透彻，那么他就一无所有了，只剩下一副空壳子。患者的外化倾向越严重，他就越像一片没着没落的叶子。

上述这些就是外化过程的内涵。现在让我们看看它是怎样有助于缓解自我与理想化形象之间的分歧的。无论患者是怎样有意识地看待自己，这两者之间的分歧总留下无意识的伤痕。患者越是成功地将自己认同于理想化形象，他的上述表现就越是无意识的。

上述这些就是外化的含义。现在让我们看看它是怎样有助于缓解自我与理想化形象之间的分歧的。这两者之间的分歧必定给患者带来痛苦，而这种痛苦存在于潜意识，即便患者有意识地看待自己。患者越是成功地将自己认同于理想化形象，他的上述表现就越是无意识的。一般说来，这些感受会表现为轻视、厌恶自己以及压抑，他会因此感到无比痛苦，同时应对生活的能力也会以各种各样的方式遭到剥夺。

轻视自己的外化倾向，可以表现为自认为他人轻视自己，也可以表现为轻视他人，通常情况下两者是并存的。神经症的整个结构形式决定了哪一种更加严重，或者说哪一种更有意识。患者的攻击倾向越严重，他就越容易轻视他人，而觉得自己比他人完美，认为别人轻视自己的可能性就越低。反之，患者的顺从倾向越严重，那么他就越容易觉得自己微不足道，他会努力贬低自己，因为他无法达到理想化形象的标准。显而易见，后者对患者的破坏力更为强大，患者在这种心理机制下会变得越发怯懦、孤僻、不善与人交流。他会认为别人对他的好感是一种恩宠，而这种恩宠是他没有资格拥有的，所以他也很难接受真挚的友谊。他认为别人轻视自己才是理所应当的，面对那些傲慢的人，他更加无力应对，因为他自己也有这样的倾向。这些反应自然会滋长他的厌世情绪，但他会把这些情绪压抑起来，直到这些情绪积累到了具有巨大的破坏性，再也压抑不住。

暂且抛开这些弊端不谈，自我轻视在外化作用下，也有一定的主观价值。患者仅存的自信是苍白无力的，尤其当他感知到了自己对自己的轻视，这时他就会处于崩溃的边缘。感觉自己受到了他人的轻视虽然同样令他非常痛苦，不过他仍旧渴望改变他们的态度，他可能会怨天尤人，把一切痛苦都归咎于他人的不公正对待上，又或者伺机报复他们。可这些策略无法应对自我轻视。自我轻视会让患者陷入迷惘和绝望。这时他会鄙视自己意识到的任何一个缺点，甚至会觉得自己一无是处，连自己的优点也会统统否定掉。简而言之，他鄙视自己所具备的一切品质。而这种自我鄙视永远得不到救赎，永远无法改变。所以，分析师在进行分析时一定要注意，不要轻易触碰患者的自卑感，除非患者对理想化形象不再那么依赖，他的绝望感也不再那么严重，才可以做这方面的工作。这个时候，患者能够正视自我，意识到他所自卑的东西并非客观事实，而只是由于标准过高而产生的主观感受。同时，他会明白这种情况并非不能改变，他会宽容自己的一些缺点，而且也明白，自己所憎恨的那些品质其实并非真正可鄙，它们只不过是他需要并且能够跨越的障碍罢了。

想要理解患者为何厌恶自己，以及这种厌恶为何如此严重，我们就必须牢记：理想化形象的幻觉对患者来说是具有重要价值的。理想化形象能够给患者带来一种安全感，而恰恰是这种对安全感的需求让患者在无力达到理想化形象标准的情况下而颓丧失望，并且厌恶自己。这一事实的出现源于他在童年时代所遭遇的挫折，这些挫折使他赋予理想化形象万能的属性，因此他会认为自己无畏任何艰难险阻。当他意识到自己的神经症的复杂性后，并不意味着他有能力治愈它。相反，当他意识到自己的冲突时，会陷入恐慌中，因为相互冲突的内驱力，意味着他的需求也是相互矛盾的，以至于永远无法实现。

恼恨自己的外化方式有三种。当患者毫无节制地发泄不满时，很容易将怒火发泄到自身之外。也即，他会将无名怒火对准别人。这种转移，可以是针对别人的具体过错而发怒，也可以是毫无道理的暴躁易怒。如果是针对别人的具体错误，也往往是因为他自身存在这样的错误，所以让他深恶痛绝。为了说得更加明白，我们不妨举个例子。一位女性患者抱怨她的丈夫优柔寡断，但涉及的事实在无足轻重，显然她的怒火不正常。我了解她，她也有犹豫不决的缺点，所以我对她做出暗示，她所谴责的缺点她也有。她听后立马怒火中烧，简直想把自己撕成碎片。她无法容忍自己存在这样的缺点，因为在她的理想化形象中，她是一个坚强果决的女性。可是，在下一次与我谈话时，她已经完全忘记了这回事，非常具有戏剧性。她其实朦朦胧胧地看到了自己的外化倾向，但她没有做好改头换面的准备。

恼恨自己的第二种外化形式，表现为患者总是忧心忡忡。有时候他能意识到，他会害怕自己的缺点招来别人的厌恶，因为他自己是如此憎恨那种缺点。有时候这种恐惧完全是在潜意识中进行的。患者笃信自己的某些举动一定会遭到别人的厌恶，所以当他并没有感受到别人的敌意时，他反而会忐忑不安，觉得不真实。比如，有一位患者，在她的理想化形象中，她是一位非常善良的人，就像《悲惨世界》中那位仁慈的神父一样，可是她又发现，当她模仿那位神父的做派时，人们并不喜欢她，反而当她发怒或者态度强硬时，人们才在意她，这让她很不理解。通过她的理想化形象，我们很容易猜到她的顺从倾向占主导地位。起初，她的顺从倾向产生于她想亲近他人的渴望，但此时，她又下意识地期待他人的敌意，结果再次增强了自己的顺从倾向。外化作用可导致顺从倾向更加严重，而这也正是顺从倾向外化的主要后果之一。实际上神经症倾向就是在这种恶性循环中不断增强的。通过上面的案例我们可以看到，正是由于“高尚者”这一理想化形象，迫使患者进一步抹杀真实自我，才使得顺从倾向得以增强。她将由此而产生的敌意宣泄于自己身上，而愤怒的外化加剧了她对他人的畏惧，又反过来再次加重她的顺从倾向。

恼恨自己的第三种外化形式，表现为将注意力专注于身体的不适。患者意识不到他的怒火其实是针对自己的不满而生，这时候他会感觉到自己的身体格外紧张，肠胃功能紊乱、头痛、无精打采等。这些症状只有当他意识到自己的愤怒时才会即刻消失。这一现象甚至让人们怀疑，是否外化就是指这些生理表现，或者它们仅仅是由于压抑愤怒而产生的生理性后果。然而我们不可被这些表象蒙蔽双眼，要看到患者是如何利用这些症状的。多数情况下，患者总是喜欢将自己的精神问题归咎于身体的不适，然而又将身体的不适归咎于外因。患者宁愿说这些症状是由于饮食不合理所引起的，或者是由工作过度疲劳所引起的，再或者是由空气潮湿所引起的，也不愿意承认这是精神问题所引起的。

将恼怒外化后，患者能从中获得什么好处呢？可以这样说，它与轻视自我的情况基本相仿。但是我们要注意一点，如果我们不能认识到患者身上存在的自我破坏冲动的真正危险，我们就不能完全了解他的病情的严重程度。前面说到的那位女患者的例子中，她的自我破坏冲动只是一瞬间的，但是，精神错乱的患者很可能真的发展到自残、自杀的地步[①]。是愤怒的外化作用，避免了很多的自杀行为。弗洛伊德认识到了自我破坏的能量，他的死亡本能假说就是根据这个提出的，但是我们可以这样理解，正是由于他的这一概念令他没有真正理解自我破坏行为，也没有创造出行之有效的分析治疗途径。

理想化形象对患者人格的钳制程度，取决于患者内心的压迫感强度。我们可以无限高估这种压迫感的作用力，这一点都不过分。因为相对外界的压力，它的作用力更加可怕，最起码外界压力并不抹杀患者内心的自由。很多情况下，患者意识不到这种压迫感，但它的压迫力量是如此之强，以至于当压迫感消除时，患者立马会感到无比轻松，好像重新获得了内心的自由。患者将自己所承受的压力，通过外化作用转嫁给别人，这种行为与神经症患者对控制他人的欲望有着极为相似的效果，而且很可能它们同时存在。不过，两者之间是有细微差别的，外化内心压迫，只是在别人身上寻找他的愤怒标准，他不会考

---

① 卡尔·蒙林格尔列举了很多例子来说明这个问题，请参阅他的著作，1938 年布拉斯版的《自我对抗》。不过他在阐述这一现象时，是从另外一个角度进行的，他依据的是弗洛伊德的理论学说，也即人有自我毁灭的本能。——原注

虑这样做是否能让别人感到痛苦，但并不等于他想控制别人。清教徒心理就能很好地说明这一点。

还有一种外化形式同样十分重要。它表现为患者极度敏感，外界的任何稍微类似于强迫的东西都能引起他的激烈反应。这种过度敏感非常常见，所有观察者都发现了这一现象。这种敏感并不全部来源于患者对自己施加的强迫，很多情况下它还包含着猜测他人意图的成分，也即他有受强迫的需求，好将愤怒转移到他人身上，于是从他人身上寻找这种强迫。我们能够看到，在疏离型人格中，患者坚持独立性具有强迫性特征，而这种坚持必然导致这一类型的患者对任何外界压力都十分敏感。患者意识不到这种自我强迫的外化，它是一种非常隐蔽的病因，在进行分析时分析师很容易忽略掉。这是非常遗憾的，因为分析师与患者的关系在很大程度上受这种外化作用的干扰。患者很有可能故意无视分析师的每一个建议，即便分析师真的找到了导致他敏感的原因。在这种针锋相对的局势下，所包含的破坏力更加激烈。分析师想方设法让患者做出改变，但根本没有效果，即便他诚恳地对患者说明，他只是想帮助他重新找回自我以及生活的动力。尽管并非刻意，但分析师确实对患者施加了强迫，那么患者是否乐意接受这份控制呢？实际上，患者对自己的情况一无所知，所以也就谈不上接受或者拒绝什么了，他没有选择的必要性。通常分析师会小心翼翼，尽量不对患者强加自己的观念，但即便再小心也无济于事。对于任何想改变他的企图，患者都会不分好歹地一概抗拒，因为患者并不知道他所表现出的这些症状，其实是因为他自身的强迫让他感到痛苦所引发的。这种辛苦而无成果的激烈较量，除了在分析过程中会出现，在患者的其他亲密关系中也会出现。而分析师想要打破这一模式，就必须对患者的内心活动进行分析。

另外，患者越是严格奉行他的理想化形象的标准，顺从被外化的程度就越严重，这让问题变得更加复杂。分析师或者其他人对他的期望，或者他自以为的他们对他的期望，他都会迫不及待地去达成，于是他表现出一副格外顺从的态度，可是在内心深处，又将对这种控制的怨恨积累起来，直到有一天他认为所有人都站在一个支配他的位置上，因而变得怨恨一切。

现在我们来看看，将内在压迫外化对患者有什么积极意义。首先，他拥有了反抗的动力和勇气，哪怕只是在心里面而未付诸实施，因为他坚信所有的压迫都来自于外界。其次，因为他认为这种压迫来自于外界，所以他会想方设法来躲避，营造出一种自由的假象。最后一点更为重要，其实前面我们已经提到

其他人对他的期望，或者他自以为的他们对他的期望，他都会迫不及待地去达成，于是他表现出一副格外顺从的态度，可是在内心深处，又将对这种控制的怨恨积累起来，直到有一天他认为所有人都站在一个支配他的位置上，因而变得怨恨一切。

过了，如果患者承认自己正在承受内心的压迫，情况会非常糟糕，因为这就意味着他要面对一个事实——真实自我与理想化形象间存在差距。

有一个很有必要探讨的问题：内在压迫是否表现为以及在何种程度上表现为胜利症状？通过临床观察，我认为高血压、便秘、哮喘都和内在压迫有一定关联，但我在这方面的经验确实有限。

接下来我们就要探讨各种被患者加以外化的特征，而这些特征又与患者的理想化形象严重不符。总的来说，这些特征的外化都是通过投射来实现的，也即患者从他人身上发现这些特征，或者将自己身上存在的这些特征归咎于他人。这两种表现并不一定同时出现。为了让大家更深刻地理解投射的重要性，接下来我要举一些大家耳熟能详的例子，还可能要重复先前说过的一些话。

A 经常抱怨他的情人对他漠不关心，而他是一个酗酒的酒鬼。据我所了解的情况判断，他的抱怨完全没有道理，最起码没有 A 所认为的那么严重。别人对 A 患者的评价是：他是一个宽厚、谦逊、待人温和的人；他是一个傲慢、刻薄、专横霸道的人；他在自己的冲突中苦苦挣扎。这就是攻击倾向的投射现象。那么，这种投射的意义在哪里呢？在他的理想化形象中，他是一个非常善良的人，是继圣·弗朗西斯之后最善良的人，是人人都想结交的朋友，而他的攻击倾向只是强大人格的一种正常品质。这一投射是否臣服于他的理想化形象呢？答案是肯定的。通过投射，他的攻击性倾向就变得合情合理了，而且还用不着意识到这一点，也用不着直面自己的冲突。一方面，他的攻击倾向具有强迫性，所以他无法摒弃这一倾向；另一方面他又必须坚守自己的理想化形象，因为只有这样才能保证他不会精神分裂，因此他就处于一个进退维谷的境地。为了摆脱这一困境，他无意识地求助于投射。因为通过投射，他既能维持作为理想朋友的必备品质，又能保留攻击倾向。

这位 A 患者还怀疑他的情人给他戴绿帽子。这同样是毫无根据的怀疑。事实上，他自己经常背着爱人和别的女人偷情，而她对他却像母亲对孩子一样好。我们可以理解为，他因为自己内心的焦灼而需要找理由为自己辩护，于是有了这种报复策略。这种现象即便从同性恋倾向的角度出发来思考，也依然得不到合理的解释，唯一能说明问题的，依然是他针对自己的出轨而产生的怪异态度。表面上他忘记了自己的出轨行为，但实际上是记得的，只不过针对那种经验的感受不再是鲜活的，而只是记得情人的所谓不忠。这种经验的外化与先前的例子中的外化作用一样，一方面他可以毫无顾忌地行事，一方面又能符合自己的理想化形象。

政治党派间的权力斗争或者其他组织间的较量，也是一个很好的例子。为了削弱对手，巩固自己的地位，必然经常钩心斗角，而这种行为却可能并非全都是有意识的举措，还可能是无意识的，就像前面所举的例子中的两难境地所主导的一样。这种情况下的尔虞我诈，其实就是一种无意识的双重性表现形式。它能起到这样一个作用：在争权夺势中使用阴谋诡计不必有心理负担，可以继续陶醉在自己的理想化形象中，所有针对自己的谴责和鄙视都转嫁到了别人身上，这无疑是一个非常不错的策略，尤其当转嫁的对象正好是我们想要打击的人，那就更好了。

在做总结的时候，我想指出一种更常见的例子：患者虽然没有在别人身上发现他自身所存在的问题，但依然将他应该担负的罪责推卸到别人身上。譬如，有很多患者在意识到他们自身的某些问题时，就会迫不及待地把问题归咎于童年阴影。如果他们对“强迫”敏感过度，他们就会说那是因为曾经有一个特别强势的母亲。如果他们对“羞辱”敏感过度，他们会说那是由于童年时受过这样的羞辱。如果他们有报复倾向，他们会说那是源于幼时的伤害。如果他们在两性问题上感到压抑，他们会说那是因为父母抚养他们时给他们灌输了太多清教徒的思想。如果他们内向、不合群，他们会说那是因为幼年时得不到别人的理解。这样的案例太多了。这里所列出的这些分析案例，并不是针对分析师和患者同心协力认真分析患者童年时代所受的各种影响的分析，而是针对那些过分专注于对童年影响的分析。因为这样的分析只不过是在一条死胡同里原地踏步，从没有对作用于患者身上的致病原因进行分析，所以不会有任何收效。

弗洛伊德太过重视这种方法，因为他把一切都建立在遗传理论上。所以，我们有必要认真思考一下，这种方法中到底是真理多一些，还是谬误多一些。但是，患者的神经症倾向确实形成于幼年，他所能提供的线索，无不基于他对已经发生的过程的理解。另外，患者不能对他的神经症负责任，因为环境的影响非常巨大，迫使他只能按照过去的方式成长，这是无可厚非的。分析师必须对患者讲明白这一点，接下来我们就阐述具体原因。

患者在童年时代形成的病因，直到现在依然发挥着作用，而且他现在的所有困难都是由此造成的，但患者对病因毫无追究的兴趣，这是错误的。有的患者喜欢冷嘲热讽，很可能是因为他小时候接触了太多的虚伪。但如果他把这当成唯一的原因，那就等于是无视目前的需求——讥讽他人。事实上，是他相互冲突的各种理想让他进退维谷，他为了缓解这种冲突，干脆摒弃了所有的价值观，于是滋生了这一需求。另外，他总是承担根本无力承担的责任，而在应该承担的责任上又拒不承担。他为了安慰自己的失败，一味地回忆童年的经历，这样一来，面对失败的打击，他就能够像事不关己一样，安全地从失败中走出来，依旧能维持品行高洁的假象。他的理想化形象必须为此负一部分责任，因为他拒不承认从过去延续到现在的缺陷和冲突，正是由于理想化形象在为他保驾护航。而且更为关键的是，他的自我反省，也即反复提说童年经历，其实是一种反省假象。他只是将真正的问题外化了，以至于尽管内心冲突，他却可以假装无知无觉。他没有能力构建自己的生活，也没有能力为自己的生活做主。他只能像沿着山坡滚下来的球，或者被当作实验体的豚鼠一样，死死地遵循着既定的路数，形成条件反射。

患者一味地强调童年经历，正好说明了他有严重的外化倾向。所以我每次遇见这种态度，就可以立马做出判断：这是一个自我疏离型患者，而且他的驱力正在推动他越来越疏离自我。迄今为止，我的这种判断还没有出现过错误。

患者在做梦的时候，也会出现外化倾向。比如，有一个患者梦见分析师像狱卒一样看守着她，而她想要走出去的那扇门被丈夫无情关上。再比如，患者梦见自己追逐某个目标的时候总是遇到意外或阻碍。这些梦境都能表明患者有这样一种企图：否认自身的冲突，而将其归咎于某种外因。

分析师会遭遇患者的各种各样的外化倾向，这让分析工作变得异常艰难。在患者的感知中，分析师所要进行的工作与他没有关系，他来接受治疗只是例行公事，就像看牙医一样。他对自己的神经症毫无兴趣，反而对自己的妻子、兄弟姐妹或者朋友的神经症特别感兴趣。他不愿检讨自己在各种挫折中应该承担的责任，却非常愿意讲述他所遭受的各种各样的挫折。他认为自己工作得如此不顺心，完全是妻子造成的，如果妻子不那么神经质，他会比现在好过得多。他已经很久没有感受到情感对他的影响了。他担心遭贼、遇鬼、打雷，担心有人要报复他，担心政策变化，总之忧心忡忡，但他从来不担心自己有问题。他至多想到自己的问题可以给自己提供一些思维的或艺术的乐趣，才会对自己的问题有一点兴趣。可以确信，无论他对自己的了解程度有多深，他都不会做出任何改变，因为他的精神世界里没有他自己，他也无法将他所获得的任何见解运用到实际生活中。

外化现象从本质上讲是一种自我破坏的积极过程。患者的自我疏离是神经症的固有现象，而当患者疏远了自我，外化就得以实现。这种自我破坏能够令患者意识不到自身的冲突。用一句话来概括，患者以外在冲突取代了内在冲突。在外化作用下，患者变得更容易惧怕、谴责或报复他人。说得更具体一些，诱发神经症的冲突原本就是患者与外界的冲突，而患者通过外化作用，将这一冲突无限扩大了。

# Chapter 08 第八章

# 和谐假象和辅助手段

人们往往用一个谎言来圆另一个谎言，再用第三个谎言来圆第二个谎言，无休无止，直到谎言像蜘蛛网一样将他缠住，再也无法脱身。在现实生活中，这种情况太常见了。假如某一个人或者某一类人没有追求真相的勇气，那么在他或他们的生活中就必然经常出现这种情况。用谎言来应对麻烦确实很管用，但是它也会带来新的麻烦，然后又需要用新的谎言来解决，周而复始。神经症患者就是以这样一种怪异的模式来解决基本冲突的。表面上看起来，他好像做出了相当彻底的改变，可实际情形就和我们前面所描述的情况一样，完全没有效果，最初的困难依旧没有得到解决。神经症患者以一种强迫性的方式，将一个表面看起来行之有效的解决方案压在另一个同样是表面上看起来管用的解决方案上，一个个堆叠起来。他可能将冲突的某一个方面单独突显出来，但他并没有解决被分裂的危险。这一点我们已经很清楚了。他为了使冲突失去力量，不得不疏远他人，让自己待在一个角落里。

但这只能使他的整个生活都摇摇欲坠。他所创造出的理想化形象，看起来令各种倾向和谐统一，非常成功，但实际上只是令人格又多了一条新的裂痕。他企图突出重围，从内心的战场逃走，以为这样就可以弥补裂痕，可结果却让自己陷入更加难堪的境地。

这一平衡岌岌可危，很容易被打破，所以他不得不采取更激烈的手段来维持平衡。患者四处搬救兵，如盲区、区隔化、合理化、超限自控、绝对正确、左右摇摆和玩世不恭等。这些救兵全都是些无意识的方法。如果针对这些现象展开讨论，将是一个无比艰巨的任务，我们不做这样的工作，我只针对患者如何使用这些方法来应对冲突扼要说明一下。

人们经常十分困惑，为什么患者自己看不到他的理想化形象与他的真实形象之间的鸿沟呢？毕竟那条鸿沟是如此明显。实际上，他非但看不到这条鸿沟，他连目前所面对的冲突也一概无视。这种最不合理的现象就是盲区现象。每当我察觉这一现象，就能注意到冲突的存在以及与它相关的一系列问题。例如，有一位顺从型患者，他具备了顺从型人格的所有特征，而他自己也坚信自己是个善良的人，可是有一次他无意中跟我说，在某次员工会议上他很想找把枪将自己的同事们一个个击毙。可以肯定的是，他的杀人念头在当时来说是无意识的，很多类似的破坏性渴望同样如此，但关键之处在于，他认为是开玩笑的杀人想法，绝对不会玷污他那圣徒般的理想化形象。

另一位患者是一个科学家。他十分自豪地说，他是他所在那一领域的开拓者，他的科学态度一丝不苟。然而当他决定应该发表哪篇文章时，他却纯粹从碰运气的动机出发，挑选那些他认为会得到最大反响的文章。和前面所说的那位患者一样，他并没有意识到其中的矛盾，对此并不试图伪装或掩饰。

再一个例子，一位男子自认为他很率真善良，于是坦言，他曾经把从一个女孩子那里索要来的钱财交给了另一个女孩子。他同样意识不到这是多么矛盾。

这几个例子让我们看得明明白白，盲区作用能够让患者意识不到自己的内在冲突。这几个患者头脑清晰，还有一定的心理学知识，但他们深陷盲区而不自知，这无疑让我们感到无比惊讶。想要解释这些现象，仅靠“我们所有人都可能对我们不关心的东西置之不理”这一说法显然是不够的。我们必须补充一句话：我们对做某件事的渴望程度，决定了我们对这件事的无视程度。其实用一句话就能概括明白：这一类基于非客观原因而产生的盲区，只是意味着我们很不愿意看到内在的矛盾。那么，这就引出了一个更重要的问题，像上面的这几个案例中的矛盾，当事者是如何做到视而不见的呢？毕竟这是非常难以做到的。但是，如果有了特定条件的话，情况就不一样了。比如说，我们对自己的感情体验麻木不仁。再比如，我们过着一种把整体切割为局域的生活——很早以前施特莱克就提出了这一条件。他不仅讨论了盲区现象，还提出“切割”的几种方式，逻辑非常严密：一部分属于亲人，一部分属于外人；一部分属于朋友，一部分属于对手；一部分属于同僚，一部分属于下属；一部分对公，一部分对私。神经症患者用这种方法，让一个局域所发生的事情与另一个局域所发生的事情隔绝开来，二者井水不犯河水。这种生活方式，只有当患者的冲突强烈到令他丧失统一感的时候才有可能实现。所以，区隔化同样是患者因无法应对冲突而分裂的结果，与拒绝承认冲突别无二致。这一过程与理想化形象中的情况非常相似：尽管冲突依旧存在，但它游离于患者的意识之外。至于到底是理想化形象导致了区隔化的实现，还是区隔化导致了理想化形象的产生，这是一件很难说清的事。不过有一点很明确，无视整体，只生活于局域，必然对理想化形象的发展起到了催化作用。

我们必须将文化因素也考虑进来，这样才能更好地理解这种现象。人类社会的复杂程度使得人类个体也变得像一个齿轮一样复杂，个人的价值无法体现，自我疏离者屡见不鲜。我们的文化中存在各种各样的严重矛盾，于是个人对道德的感知力变得越发迟钝和麻木。道德准则再也不是人们的行事原则，人们不再会因为一位慈祥的父亲突然变成一个歹徒而感到惊奇。即便我们的人格处于分裂状态，但因为我们周围的人同样人格不完整，所以不值得大惊小怪。在精神分析领域，患者看不到这种矛盾，分析师同样看不到，因为弗洛伊德抛弃了精神分析的道德价值，而只是将它看成了一门自然科学。分析师会觉得，将自己的个人道德观带入分析中，或者凝视患者的道德观，都违背了科学精神。事实上，并不只是道德领域存在承认矛盾的局限，其他理论体系中也存在。

以推理的方式进行自我欺骗，称之为合理化。人们对合理化的普遍认知是，它主要的用途是为自己辩护，或者为了迎合大家的普遍观念，来解释自己的行为和动机。在一定程度上，这种解释是正确的。例如，生活在同一文化氛围的人，尽管需要合理化的内容各不相同，却都沿着同一准则进行合理化。这是再自然不过的，因为合理化可以被视为神经症患者企图创造虚假和谐以支持自己的一种策略。患者以基本冲突为中心，疯狂地建造防御工事，我们在这座堡垒的每一个角落都能看到合理化作用的影子。患者以推理的方式，强化他的主要倾向，而其他任何可能与主要倾向起冲突的因素，都被削弱或者伪装，这样冲突就被隐藏了。这种推理过程实则是一种自我欺骗，但它可以让患者的人格合理化。我们不妨看看顺从型和对抗型人格，可以很明显地看到这一作用。顺从型的人笃信自己是出于同情心而渴望帮助别人。但他实际上有强烈的支配倾向。假如支配倾向过于明显，他就将其合理化为乐于助人。再看对抗型，对抗型的人一定会否认他是出于同情心而帮助别人，他会把自己对他人的帮助行为合理化为为自己的利益着想。在合理化过程中，需要做大量的动作才能达到理想化形象的要求。理想化形象与真实自我之间的鸿沟必须被填平，这些动作才会终止。患者为了使自己身上那些令人讨厌的品质合理化，就以外化这一手段将责任推给外因，以此证明那些品质都是针对他人行为的自然反应。

我认为超限自控是一种原始的神经症倾向，患者的这种倾向可能会非常严重，他如同一道堤坝，阻挡泛滥的情感矛盾。尽管最初它很可能是一种有意识的行为，但是久而久之它就会变得越来越自主。患者在进行自我控制时，不容许自己受到任何事物的影响，无论是愤怒、自卑，还是性欲和热情。

这样的患者，在接受分析时，会变得非常刻板，不会进行自由联想。他不愿意接受麻醉，宁可承受痛苦。哪怕他喝了酒，也不会变得更加兴奋。概言之，他企图压抑一切自发的行为和感觉。一些冲突外显的患者身上，这些特征表现得非常明显，他们没有采取任何措施掩盖冲突，也没有特别坚持自我疏离以化解冲突，于是相互冲突的各种倾向都无法占据绝对上风。之所以还能保持不分裂的假象，是因为理想化形象还在起作用。但是很显然，仅仅依靠理想化形象是无法实现人格统一的，尤其当理想化形象是由多个相互矛盾的理想组成时，它的力量就更加微弱了，所以患者必须付出极大的努力来达成统一。这种时候，患者需要以极大的意志力来控制冲突的恶化，无论这一动作是有意识的还是无意识的。愤怒容易引发破坏性冲动，所以他必须拿出更多的意志力来控制愤怒。然而压抑的愤怒会产生爆炸性的能量，因此他又需要拿出更多的精力来控制它，这样就形成了一个可怕的恶性循环。患者意识不到自控的强迫性本质，当分析师提醒他注意自己的超限自控时，患者就会为自己辩护，说任何文明人都需要自控。如果患者不进行这种超限自控，他会陷入恐慌，通常表现为担忧自己会精神错乱，所以，他的这种自控其实是一种迫不得已。显而易见，自我控制的目的或者说作用其实是抵抗被分裂的危险。

能够同时消除外部干扰和内心忧虑的手段，就是绝对正确，它具有双重功能。冲突得不到缓解，患者必然会陷入怀疑和犹豫，当它们严重到一定程度，甚至可以令患者失去一切行动能力，而只能听从外部因素的支配。如果我们自身信念坚定，当然不会被轻易支配。但如果我们的人生就像站在十字路口一样，就会不知道该选哪一条，这时候我们很容易被某一外部因素所支配，当这种因素支配我们时，可能只是拥有一瞬间的力量，但这一瞬间的力量已足以支配我们做出决定。犹豫不单指某种行为过程，自我怀疑也是犹豫的一种表现，如怀疑自己的价值和权力。

所有的这些不确定因素，都可以破坏我们的生活能力。然而并非所有人都无法容忍它们。有的人看待生活，就像看待一场冷酷的战争，他会把怀疑视为缺陷，而且是一种致命缺陷。尽管他疏离他人，坚守孤城，可是他很容易因为外部因素的影响而愤怒。通过大量的临床观察，我发现一个事实，当对抗型倾向和疏离型倾向组合在一起，并成为一个人的主导倾向时，绝对正确就成为他保护自己的主要手段，并且他的这种绝对正确与他的攻击倾向正相关。绝对正确，简直是患者解决冲突的一把万能钥匙，他可以毫无根据地断言自己永远正确。这一类患者一定非常厌恶分析，这并不难理解，因为接受分析，就意味着他内心的和谐遭到了威胁。尽管这种和谐其实是一种死寂。通过合理化，这类患者将情感视为藏在内心世界的奸细，所以必须严格控制它。

与绝对正确截然相反的一种防御策略是左右摇摆，它的作用和拒绝承认冲突异曲同工。有这种表现的患者只要感受到压力，就会像泥鳅一样溜到一旁，有点像童话故事中的角色。假如伪装成泥鳅依然没有摆脱危险，那么他就会变成一头跑得更快的小鹿。假如还是没有摆脱猎人，危险更近了，他就会变成一只鸟，从而飞走。这一类人从来不会掷地有声地说确凿无疑的话，他们经常否认刚刚说过的话，要么就是发誓刚才的话绝不是那个意思。他们有一种奇特的能力，可以将简单的问题变得格外复杂。你简直没可能让他们明确表达对某件事的观点。哪怕偶尔他们真的想表明自己的立场，可是话一出口就兜来兜去，最后，你除了被兜晕外，一无所获。

他们时而富有同情心，时而尖酸刻薄；时而体贴，时而冷漠；某些方面很谦逊，某些方面又独断专行。总之，他们在生活中非常没谱。这类人可能一开始急切想要找一个强势的配偶，但当他们感觉受了委屈时，就会变得比对方更强势。当他们做了某件事，觉得愧对某个人时，他们出于懊悔竭力弥补过错，但是他们很快又觉得这样做太傻，于是变本加厉。在他们身上，你看不到一成不变的东西。

遇到这类患者，分析师也感觉无从着手，甚至认为连分析都没办法展开。其实这是错误的想法。这类患者所走的统一人格的道路与众不同，他们没有建立起确切的理想化形象，也没能压抑住冲突中的某一部分倾向。通过这一类患者的反衬，我们可以更深刻地认识到这些尝试的价值。我们之前所讨论的那些患者，无论其人格是哪一种类型，无论他们的问题有多复杂，但最起码他们的人格并不混乱，而左右摇摆型人格就混乱得非常严重。分析师所犯的另一个错误是，他觉得这类患者的冲突是明摆着的，不费吹灰之力就能找出来，所以分析工作像走马观花一样。可是他会发现患者非常厌恶让问题明朗化，甚至会拒绝分析治疗。分析师应该明白，患者的这种举动，其实是防止别人探究他的内心。

玩世不恭是最后一种避免意识到冲突的方式，表现为否认和轻蔑道德准则。可以说，任何一种神经症都在一定程度上质疑道德准则，哪怕患者非常刻板地坚持他可以接受的某些准则。有很多原因能促成玩世不恭，但总的来说，任何一种原因都是以否认道德标准的方式而存在，所以这类患者完全不会花心思去搞清楚什么东西值得他相信。

玩世不恭可以是有意识的行为，于是成为马基雅弗利[①]主义者们一贯奉行并捍卫的准则。马基雅弗利主义认为世间一切皆虚伪，你只要不担心被抓捕，就可以为所欲为；除了天生白痴外，每个人都是虚伪的。这种患者对分析师所提到的“道德”一词极为敏感，而不管分析师是在什么情况下使用的，就像弗洛伊德时代人们对“性”一词极度敏感而无视它出现的场合一样。

玩世不恭也可以是无意识的。这种倾向可能因为患者口头上顺应众人的观念而被掩盖起来。患者可能不认为自己是玩世不恭者，但从他的言行举止却可以看出，他正是按照玩世不恭的原则行事。有些患者认为自己是诚实而正直的人，但又经常羡慕那些擅长采取非正当手段的人，并且因为自己做不到或不擅长这种手段而懊恼，玩世不恭者的情况与此非常相似，他们经常不知不觉地被困在矛盾中。分析师有一项很重要的任务，那就是要在合适的时间让患者充分意识到他的玩世不恭，并且帮助他宽宥自己的这一毛病。另外还要让他明白，他应该建立一套属于自己的道德观，以及为什么需要这样。

---

① 马基雅弗利（1469—1527），意大利政治家、历史学家。他奉行“为达目的可以不择手段”这一信条。因此，马基雅维利主义也成了权术和谋略的代名词。——译注

前面所讲的这些防御策略都是围绕基本冲突建立起来的。我将这一套防御体系简称为防御结构。尽管各种神经症在作用程度上有所差异，但它们无一不是以组合的方式构成整个防御系统。

# 第二部分

# 冲突得不到解决的后果

# Chapter 09 第九章

# 畏惧

在寻求神经症问题的深层意义时，我们很容易迷失方向，这并不奇怪，因为我们所面临的各种现象像迷宫一样复杂。我们只有正视它的复杂性，才能真正理解神经症。我们需要经常转换视角来看待问题，不能总是困在问题某一个方面钻牛角尖。

防御系统的建立过程，我们已经通过探究防御结构的发展而有所了解。最终，它们都固化为一种静态体系。这样的一条道路可谓非常艰险，那么究竟是什么原因迫使一个人不惜付出如此大的代价来走这条路呢？这是我们最想弄明白的，毕竟患者在这一过程中投入了大量的精力，我们无法视而不见。我们心中有这样一个疑问：这个结构变得如此牢固、难以改变、缺乏活力，那么它的力量之源又是什么？难道仅仅是因为惧怕基本冲突的破坏力，就拥有了建立防御体系的动力吗？为了使问题的脉络变得清晰，我们需要进行类型化比较。当然，想找到一个准确无误的类比是不可能的，我们只能泛泛地运用它们，使用它们的普遍意义。假设有这样一个人，他的过去一片灰暗，之所以现在能在群体中找到立锥之地，是因为他伪装成了另外一个身份，他最惧怕的事情就是有人揭发他的过去。利用这一伪装身份，他的境况渐渐变得好起来，有了工作，有了朋友，有了家室。他是如此珍爱自己的新生活，以至于无时无刻不在害怕失去这种幸福，这就引发了一种新的恐惧。他努力忘记灰暗的过去，并因现在的地位而自豪，为了把过去的不光彩彻底抹掉，他捐款给慈善机构，救济以前的朋友。可是他以伪装的身份开始新的生活，随着性格上的转变，新的冲突逐渐形成暗流，最终又让他陷入新的冲突中。

不管神经症患者做出了多少尝试，都没能真正解决基本冲突，仅仅是掩盖了问题，让冲突的一些方面以另外一种面目出现，但这必然导致另一些方面会水涨船高。接下来所面临的冲突会更加严重，因为这个过程是一种无法扭转的恶性循环。新的防御手段，会进一步破坏患者与他人的关系，而患者与他人的关系正是冲突的根源，所以新手段必然加剧冲突。新生活中的新元素，如成功、爱、独立以及理想化形象等，所起的作用越来越重要，他十分害怕这些“财富”受到威胁，因为那会使美好的现状被打破，变得不可预料。他无法从困境中脱身，因为一旦建立起自我疏离的模式，他就会越来越无力控制自己。之后，在惯性的作用力下，他想正常发展已不可能。

患者的防御结构既牢固又脆弱，而且它还会滋生新的恐惧，害怕平衡被打破就是新恐惧之一。患者能从自身的防御结构上获得平衡感，可是这种平衡感脆弱不堪，他对于任何威胁到它的因素都极为敏感，尽管他并不是有意识地去捕捉这些威胁。在以往经验的暗示下，他一点自信都没有，他觉得一切都是不确定的，每时每刻都胆战心惊。他害怕像以前一样突然出现状况，在完全意想不到甚至最不愿意的情况下兴奋、愤怒、沮丧、压抑或疲惫。这种心理上的失衡感，甚至直接反映为缺乏对身体平衡的控制，让他的走路姿态和步调都失常。

害怕精神失常就是这种恐惧的具体表现之一。当患者的恐惧达到一定的程度时，他就会主动求助精神科医生。这时候的恐惧，会受到一种被压抑的疯狂冲动的影响，而患者不会觉得有任何负罪感，尽管这种冲动是破坏性的。我必须强调一下，患者害怕精神失常，并不代表他真的会精神失常。因为通常而言，这种恐惧只有在他无比悲痛的情况下才会出现，而且极为短暂。患者的理想化形象突然遭到威胁，或者由于过度紧张（通常是无意识的愤怒引起这种紧张），患者的超限自控遭到威胁，这些都是它对患者的最大挑战。比如一位自认为内心平和而勇气十足的女性在面对让她感到懊恼、无助和害怕的困境时，她就会产生这种恐惧，她所惧怕的其实是精神失控。我们前面还提到一个例子，一位疏离型患者忽然被拽出他的“防御堡垒”，而与他人近距离接触（如参军或跟亲戚一起居住），他同样会产生这种恐惧。这种恐惧不仅令神经症患者害怕自己精神失常，它甚至有可能真的令患者表现出精神失常的症状。一位患者在接受分析治疗时，费尽心机给自己营造一种和谐统一的假象，但当他认识到自己分裂的人格时，他就会陷入恐惧当中。

临床经验可以证实，对精神失常的恐惧很多情况下是由无意识的愤怒所引起的。即便这种恐惧得到缓解，但患者依然会忧心忡忡，如害怕自己在醉酒、做梦、性兴奋或者处于麻醉状态时生出暴力冲动，担心自己突然失控，辱骂、殴打甚至杀死他人。患者可能意识到自己的愤怒，或者尽管患者没有付诸行动，但愤怒在意识中表现为某种强迫性的暴力倾向。患者也可能完全没有意识到自己的愤怒，这种情况下，患者会莫名其妙感到恐慌，甚至出现冒汗、头晕的症状，并且担心自己会晕过去。这种表现，反映出患者害怕自己控制不住自己的暴力倾向，它是一种暗藏的恐惧。通过外化作用，无意识的愤怒会令患者畏惧一切自身之外有潜在毁灭性的力量，比如他可能惧怕打雷、遭贼、遇鬼和蛇，等等。

实际上，对内在平衡遭到破坏的恐惧，远比对精神失常的恐惧更加常见。在日常生活中，任何改变都可能诱发这种恐惧，只是它的表现形式更加隐蔽、朦胧和多变。比如，即将外出旅行、工作变动、迁居或者需要雇一个新用人等，都会让拥有这种恐惧的人深感不安。因此，即便是一点小小的改变，他们也都是能避免则避免。这一类患者往往没有勇气寻求医生的帮助，如果患者找到了一种应对新生活的方式就更加不愿跟医生打交道了，这是因为这种恐惧威胁到了人格结构的稳定。即便他们对接受分析有所考虑，也会顾虑重重，而这些顾虑表面看起来还蛮有道理。如，接受分析治疗，会不会令自己的婚姻破裂？会不会耽误自己的工作？会不会干涉自己的宗教信仰？自己会不会忍不住对他们发火？他认为，找医生是一种没有意义的冒险。我们将在第十一章看到，这些顾虑从某种程度上讲，意味着患者内心的绝望。揭开这些表面顾虑，他的真正顾虑其实是害怕当前的平衡会遭到分析的破坏。我们可以很肯定地说，对这类患者进行分析会非常困难，因为他自以为是的平衡根本就不稳定。

分析师是否可以向患者保证绝不打破他的平衡？这显然是不可能的。只要分析工作展开，患者必然会立即感到局促不安。分析师的任务，就是帮助患者探究问题的深层原因，将他的恐惧源头展现给他看，并且告诉他，为了帮助他建立一种真正稳定的平衡，就必须将目前的平衡暂时打破。

患者的防御结构还可以引起另一种新的恐惧，即害怕问题暴露。这是因为，患者用以维护和发展防御结构的做法，大都只是表面功夫。这种表面功夫，我们在谈到患者的道德诚信是如何被冲突破坏时再进行讨论，这里我们只先指出一个事实：患者自欺欺人，遮掩真实形象，努力表现得比真实的自己更理智、更大方、更和谐、更强大或者更冷酷。至于他到底是害怕将真实面貌暴露于自己还是暴露于别人，这就很难说得清了。他有意识地关注别人，特别害怕别人发现他的真面目，这种恐惧在外化作用下愈演愈烈。如果是这种情况，他很可能会觉得自己对自己的态度无足轻重；只要不被别人发现，挫折和失败就轻如鸿毛。这一逻辑发生于意识中，尽管实际情况不可能是这样的。通过这些，我们能从中判断外化的程度。

多数情况下，对暴露的恐惧只是一种朦胧的感觉。表现为患者隐约知道自己在自欺欺人，或者对于以前不感兴趣的东西突然给予重视。他把恐惧聚焦于性格中所不具备的品质上，因为他害怕自己不如别人所认为的那么聪明干练、有教养、招人喜欢。一位患者在谈到他的童年时说，他特别害怕别人认为他的好成绩是通过作弊手段取得的，哪怕转学好几次，而且又一次取得了好成绩，他依然惴惴不安，没能消除这种恐惧。他找不到问题的原因，感到十分苦恼。实际上，他想错了方向，自然无法想明白。他所恐惧的不是智力上的暴露，而是没有意识到的一种虚伪的暴露。他认为自己是一个并不看重成绩的好学生，可实际上他有一种没有意识到的需求——战胜他人。真正的困扰在这里。通过这个例子，我们能够得出一个恰当但并不精确的结论：人们害怕自己是个虚伪的人，这种害怕通常都涉及某个客观事实，但虚伪具体所指的事实，往往和他自认为的那一个并不一致。脸红和害羞是这一恐惧的最显著表现。但是，分析的时候，因为患者表现出了这种害怕被揭露的反应，分析师就认为他存在某种令他害羞并想隐藏的事实，去穷根究底，那就大错特错了。实际上，患者所惧怕被揭露的虚伪，往往存在于他的潜意识中，而他也没有刻意隐瞒什么。让患者意识到他的潜意识中存在某种害怕暴露出来的东西，只会让患者更加谴责自己，而对分析工作毫无意义。分析师如果意识不到患者正困于自身冲突，只是以局限的思维，在患者所讲述的性经验或破坏行为的细节之中钻牛角尖，就无益于帮助患者摆脱对暴露的恐惧。

任何情境都可能诱发患者对揭露的恐惧，患者会觉得自己正在接受检验。这一类情境包括：结交新朋友、进入新学校、开始一份新工作、参加考试、聚会，甚至只是参加讨论或者任何可能会让他变得显眼的活动。在患者的意识中，失败等同于被揭露，所以他的成功丝毫不能改变他的惧怕，他会觉得成功只是让他又侥幸躲过一次，如果下一次失败了，他会认为“这下原形毕露了”，于是更加确信一直以来自己都是个骗子。特别害羞就是这种思维逻辑的一个表现，在新的分析情境中表现得尤为明显。另一个表现是患者在受到他人喜欢和欣赏时会显得格外警惕，他会想，“他们现在喜欢我，可他们真正了解我以后呢？肯定会转变态度的”。这种警惕可能是有意识的，也可能是无意识的。分析的任务是探根究源，因此在分析过程中，这种恐惧必然会发挥自己的功能。

每产生一个新的恐惧，就意味着又需要添加一种新的防御手段。患者为了解决对被揭露的恐惧，有时不惜采用两种水火不容的手段。他原本的性格结构决定了他会具体采取哪两种解决手段。每一种分析情境，对患者来说都是一次考问，因此患者必然倾向于回避分析情境。假如回避不了，他就会超限自控，保持沉默，或者戴上一副面具，让自己变得高深莫测。这是一种手段。与它对立的手段是，完全不在意被揭露，让自己变得无懈可击，这是一种无意识的策略。后一种手段不仅仅能用来防御，对抗型患者为了影响那些他想利用的人，就经常使用欺瞒战术。对于那些有公然施虐倾向的患者来说，分析师以影响他为目的所做的任何尝试，都会遭到这种狡猾的抵抗。在后面的文章里，我们会弄明白，这一特质是怎样刚好符合患者的性格结构的。

想要理解患者对被揭露的恐惧，我们需要回答下面两个问题：什么样的事实令患者如此惧怕被揭露？假如被揭露，他将面临什么打击？第一个问题我们在前面已经做出了回答。至于第二个问题，我们需要从患者惧怕遭到嘲讽、羞辱和鄙视这方面入手才能回答，这种惧怕是防御结构所衍生的另外一种恐惧。患者对平衡遭到威胁的恐惧，源自于防御结构不稳定；对被揭露的恐惧，源自于无意识的欺骗；而对遭到羞辱的恐惧，则源自于饱受跌堕的自尊心。这一问题其实我们已经在前面的章节里提到了。无论是理想化形象的产生，还是外化的过程，其实都是患者用来尝试修补受损自尊的方法，尽管这两种方法加剧了对自尊的损害，就像我们前面所看到的那样。

在神经症的发展过程中，自尊的变化就是两对互相交缠的运动轨迹。其中一对是这样的，真实的自尊不断下跌，而虚妄的骄傲不断上涨。患者以自己比别人善良、比别人努力、比别人聪明、比别人独特等理由作为自己骄傲的资本。另外一对的情况是，患者鄙视真实的自己，而抬高不真实的他人。患者觉得自己是一个虚淡的影子，哪怕事实并非如此，他也看不清自己，这是压抑、理想化形象和外化共同作用的结果。另外，他越是害怕他人，就越觉得离不开他人，一步步将自己置于附庸的地位，他的重心已不在自己身上，而是转移到了他人身上，就连自己的合法权利也都拱手让给了别人。这就导致一个结果，他对自己的看法已经无足轻重了，只有别人对他的看法才重要。在这类患者的心中，他人的看法绝对正确，不容反驳。

神经症患者面对讥讽、羞辱和蔑视时为什么如此脆弱不堪，我们将上面的这些描述合起来，就能得到解释了。这种情况存在于任何一种神经症结构中，所以也是最敏感的因素。对蔑视的恐惧很难消除，即便是减轻也不容易做到，因为我们已经认识到了，有非常多的因素能引发这种恐惧，它只能随着神经症的减轻而减轻。

患者因为这种恐惧而疏远他人，并且对他人产生敌意，这样的情况非常常见。被这种恐惧困扰的人，完全丧失了自己的生活能力，这一点更为重要。他们对他人不敢抱有任何期望，更不敢设定一个标杆来衡量他人；如果他们在某些方面不如别人，就会不敢接近那些比他们强的人；他们即便有自己的见解，也不敢发表意见；就算他们拥有很强的创造能力，他们也不敢付诸实践；他们不敢寻求更好的职位，不敢感动别人，不敢富有魅力……由于惧怕他人的嘲讽，即便他们偶尔进行了这些方面的尝试，也只是力求稳妥和默默无闻，仿佛这就是他们的避难所。

有一种恐惧比我们已经描述过的这些恐惧更加难以察觉，那就是对任何发生在自己身上的改变的恐惧。这种恐惧可以被视为在神经症发展过程中所产生的一切恐惧的结合体。应对这种恐惧，患者通常有两种极端的手段。一种是视而不见，期望将来的某个时刻问题会自动消失。另一种是迫切想要改变，甚至都没有把问题看明白。第一种态度所包含的逻辑是：承认自己有缺点或者看清了问题的一个局部就等于旗开得胜；只有改变倾向和态度，才能回归自我，这让他们大吃一惊，惶恐难安；他们意识到了这样做的利弊，但总是无意识地拒绝。与此相反的第二种态度是，患者宣称自己做出了改变，但实际上这是一种自欺欺人的伎俩。首先，患者不可能承认自己有任何不完美的地方；其次，他笃信只要他有了消除麻烦的想法，麻烦就必然会消除，这种逻辑来源于他的无意识的全能感。

患者除了惧怕改变本身外，还惧怕因改变带来的更糟糕的局面。他害怕理想化形象破灭后，变成自己最厌恶的那种模样；他害怕分析会让他体无完肤，变得一无是处；他害怕变得像其他人那样庸俗；他害怕任何未知的东西；他害怕现有的满足感和安全感遭到损害；最后，他还害怕不能改变。现在我们明白了神经症患者有多么绝望，我们对这种恐惧的理解也加深了。

是尚未解决的冲突产生了这些恐惧。它们令我们无法面对自我，所以想要获得完整的人格，就必须拿出勇气直面这些恐惧。如果说它们是救赎路上的炼狱，那我们无论如何也要闯过去。

是尚未解决的冲突产生了这些恐惧。它们令我们无法面对自我，所以想要获得完整的人格，就必须拿出勇气直面这些恐惧。如果说它们是救赎路上的炼狱，那我们无论如何也要闯过去。

# *Chapter 10* 第十章

# 人格衰竭

尚未解决的冲突对患者造成的影响可谓无边无际，这是没有人探索过的陌生领域。但我们可以先深入了解那些患者表现出来的特定症状，比如酗酒、压抑、癫痫以及精神分裂症。实际上我更愿意带着一个疑问，从更加广泛和普遍的视角来看待它，这个疑问就是：未解决的冲突以什么样的方式来耗费我们的精力、损害我们的人格，以及剥夺我们的生活乐趣？我们想要理解这些症状，就必须先理解表现出这些症状的人具有什么样的特点。我正是因为笃信这一理念，才坚持上述的方法。在现代精神病学领域，有这样一种倾向：渴望用一种便捷的理论构想来解释所有已发现和未发现的症状。如果从临床需要出发，分析师的这一倾向倒也无可厚非，但这样做缺乏科学精神，所以也就不具备可操作性。这就好比一位建筑工程师想要建造一栋大楼，但他不乐意打地基，而是想直接建造最顶层。

我们已经在前面探讨过一部分与现在所要讨论的问题有关的因素了，所以这里只做一些简单的补充。虽然在前面的讨论中已经暗含了一些因素，但是还需要再增补一些进去。我写这本书的主要目的是向读者传达一个清晰而全面的认识：冲突以何种方式损害人格。光是让读者知道未解决的冲突是有害的显然不够，这种笼统的观点不是我要传达给读者的。

冲突本身，以及企图解决冲突的所有错误尝试，都是造成患者只能带着冲突生活的罪魁祸首，而这种生活方式无疑是在浪费生命。一个处于分裂状态的人，是不可能集中精力做事的，在同一时间内他可能有两个完全不相容的目标，甚至更多。他要么无意识地挥霍自己的精力，要么将精力分散在多项事情上，就如皮尔·金特一样，他坚信自己是全能的，可以将一切都处理好，这符合他的理想化形象。我的一位女性患者就属于这个类型：一方面，她希望自己是一个下得了厨房上得了厅堂的贤妻良母；另一方面，她又打扮得花枝招展，威风八面地出现于政治和社交场合。她既想当贤妻良母，又想当女强人，还想有艳遇，注定了会失败，这是毋庸置疑的。她的所有精力都会被浪费，哪怕她真有那么大的潜能，因为没有人可以做到面面俱到。

还有一种情况特别常见，尽管目标只有一个，但动机和目标南辕北辙，最终同样不可能实现。有一位患者想当别人的良师益友，于是支配他人，让别人都听他的命令，这样的愿望永远也不可能实现。还有一位望子成龙的患者，他的愿望同样无法实现，因为他太喜欢使用家长特权了，而且还固执己见。还有一位想成为作家的患者，他提笔就感到疲惫和头痛。我们来看这个例子，如果他真的很有文才，那他为什么无法写出东西来呢？这是他的理想化形象在作怪。他写不出惊艳的文章时，他就会对自己发火。他会想，自己的想法虽然很有价值，但其他人也可能有类似的想法，如果同时在会议上提出来，那么他就必须以压倒性的优势胜过对方，让所有人都无一例外地支持他，这样的话，他就需要写一篇足够精彩的文章。可是，他的心灵深处又不相信自己的能力，由于这种自卑被外化，于是他非常害怕别人会嘲笑他。最终的结果就是，他变得无法正常思考，就算原先确实有好点子，但也很难落实到纸上。还有一个有施虐倾向的患者，虽然他有成为优秀组织者的潜力，但由于他的这一倾向，总是与身边的人对着干。其实我们只需要观察一下自己和身边人就够了，能够找到无数类似的例子，而无须在这里举更多的例子。

患者的思维方向普遍不清晰、不明确，不过也有一个明显的例外现象。神经症患者有时候会表现出一种令人吃惊的专注。比如，为了实现某一愿望，有些男性患者可以不惜一切代价，甚至是尊严；女性患者为了获得爱情，可以牺牲其他任何东西；望子成龙的父母，可以把所有精力都花在孩子身上。这些患者的表现，很容易让人觉得他们是专注的。但实际上，这同样是一种假象，他们的这种专注，不过是一种用以解决潜在冲突的欺瞒性策略，就和我们前面描述的那些案例一样。他们的专注，并不意味着人格的统一，而只是一种绝望的体现。

消耗和分散精力的，不仅仅只是相互冲突的渴求和倾向，神经症患者的防御结构中有许多其他因素有着同样的效果。患者人格结构中的基本冲突因为有一部分因素是受压抑的，因此我们不容易看到。这一部分因素虽不能主导患者，但它们非常活跃，完全能够影响到患者。原本可以用于建立自信、与人共事或者建立良好人际关系的精力，都因为被用来压抑潜在的冲突因素而被白白耗费掉。远离自我是我们要讨论的另外一个因素，它同样能让患者失去前进的能力。他虽然照样能完成自己的工作，甚至在外在压力下能付出较大努力，但他没办法独立完成任务。他的大部分创造力都被浪费了，即便在工作之余也毫无建树，而且也感觉不到乐趣。

对于大多数患者而言，多种多样的因素组合在一起，就像一张大网一样，将他的人格束缚起来。我们必须反复考察某一种压抑，从我们已描述过的各个角度去处理它，才能真正理解它并消除它。

如果有未解决的冲突，会表现出三种紊乱失调的症状，这

他们的专注，并不意味着人格的统一，而只是一种绝望的体现。

三种症状都能导致精力的消耗或错误应用。第一症状是犹豫不决。它可能体现在各种大大小小的事情上，哪怕只是决定吃这道菜还是吃那道菜，买这个箱子还是买那个箱子，看电影还是听收音机，都能让他陷入犹豫中不可自拔。他甚至没办法决定自己要从事哪种职业，就职后该怎么做；没办法从两个女人当中做出选择；没办法决定该离婚还是该继续拖延。如果有一个无法避开的选择题摆在他的眼前，他会惶恐无措，身心俱疲。

这类人都会下意识地避免做选择，所以尽管有时候明显犹豫不决，可自身却察觉不到。他们总是刻意回避必须做决定的场合，喜欢一再拖延。他们喜欢让别人来替自己做决定。他们抓不住应该抓住的机会。他们也可能把事情弄得一团糟，从而使决定变得不重要。这类患者通常很少能意识到自己的漫无目的。他会下意识地掩盖自己的犹豫不决，所以在接受分析时，也很少在这方面抱怨什么，但实际上却深受这方面问题的困扰，这种情况非常普遍。

第二个耗散精力的症状同样十分典型，表现为普遍的低效率。我所指的低效率，是指那些由于内心冲突无法发挥最大潜能所造成的低效率，并不是指在某个特定领域由于专业水准、熟练度或兴趣等原因所导致的低效率。威廉·詹姆斯在他的著作中提到过一种未被开发的潜能，他说，当一个人面对外界压力时仍不屈服，身心俱疲时仍不放弃，他的潜能就会迸发出来。我这里所指的低效率也不是这一类情况。我所说的低效率，就好比踩着刹车让车子前行，用这一比喻形容这类患者是再恰当不过。他做事总是迟缓无力，这和他的真实能力，或者他所从事的工作的难易程度完全不成比例。他也不是不愿意尽力，恰恰相反，他做任何事情都会花费超乎正常所需的精力。比如，写一份简单的报告，或者学会一个操作机器的简单动作，他总是要花上好几个小时才能完成。有很多原因阻碍他行动。他感到某些事项是在强迫他去做，因此无意识地反抗；他以一种强迫性的态度去完善每一个细枝末节；当他感到自己没有一开始表现得那么好时，就会怀疑自己，并且对自己发脾气——就像前面所描述的那个例子一样。做事迟缓只是低效率的其中一个表现，除此之外，健忘、笨手笨脚也是该方面的表现。有一位自认为非常优秀的家庭妇女或者女佣，她认为做家务是一种低贱的工作，因此她自然不愿意好好干活。事实上，除家务以外，她在别的事情上也普遍低效，这种情况已经渗入了她所有的活动中。从主观角度来看，这种情形下必然更容易感到疲劳，需要拿出更多的时间来缓解疲劳，因为她等于是在沉重的压力下工作。在这种状态下做任何工作，意味着需要付出超额的精力。这难道不是踩着刹车开车吗？

低效率和潜在的压力不仅在工作中表现得很常见，在人际关系上也同样非常明显。假如某个人一方面想要结交朋友，一方面又觉得这样做是在委屈自己讨好别人，那么他就会心不甘情不愿，做起事来难免不伦不类。他希望别人送他一件礼物，但是又觉得这样不光彩，有种强行索取的感觉。他想接触他人，又怕遭到拒绝，因而腼腆害羞。他想听从别人的意见，又想坚持自己的想法，于是陷入犹豫不决的旋涡。他想报复自己的性伴侣，又想与她保持性关系，所以表现得十分冷淡。这样的例子不胜枚举。这说明，身上隐藏的矛盾倾向越多，他的压力就越大，生活成本就越高。

少数情况下，患者能够意识到自己内心的压力，但大多数时候只是偶尔才能有所察觉，比如当压力强到一定程度的时候。或者，当他们暂时放松下来，身心自由时，通过感受上的对比，也会让他们意识到自身所承受的压力。但是他们通常会把由压力导致的疲惫感归咎于别的原因，如睡眠不足、身体亚健康或者工作时间过长，等等。虽然这些的确是导致疲劳的一部分原因，但并不是主要原因。

第三个明显的紊乱失调症状是普遍性怠惰。这一类患者被自己的毛病拖累得苦不堪言，而且也经常责怪自己太懒惰，但这并不代表他们真的认为自己懒惰，这根本不是发自真心的自省。相反，他们对任何努力都很排斥，而且他们能意识到这种排斥，千方百计为自己辩护，将其合理化。他们把自己视为出主意的智囊，至于具体工作，那是别人需要完成的。对努力的抗拒，发展到一定程度变为恐惧，即害怕努力的结果有害无益。这种恐惧并不难理解，比如他们知道自己容易疲劳就是很好的证明。如果分析师只以看到的疲劳假象为出发点，向患者提出建议，那么结果就会使患者的疲劳进一步加深。

神经症性质的怠惰，意味着主动性和行动能力的瘫痪。严重的自我疏离，以及找不到生活的方向，是导致这种症状的主要原因。患者长期处于紧张状态，再加上对付出努力十分抗拒，就会使他经常表现得缺乏活力，即便偶尔表现出一些激情，也不能扭转局面。患者的理想化形象和施虐倾向是最具影响力的因素，直接导致了这一症状。在患者看来，像别人一样付出努力，就等于将自己平庸化，这与他的理想化形象严重不符，所以他宁肯幻想自己非常优秀，什么都不需要做。理想化形象带来的自信又总是被自卑心理剥夺，让任何实践工作带来的乐趣和刺激都被掩埋，因为他觉得自己无法胜任那些价值非凡的事情。施虐倾向会让患者面对任何类似攻击性的东西时都会向后退缩，尤其当它处于压抑状态时（表现为施虐倾向的倒错），患者会以过激手段改正原先的毛病，结果过犹不及，造成患者出现不同程度的精神瘫痪。普遍性怠惰的影响力尤为重大，它除了能影响患者的言行举止，还能影响他的情绪。未解决的冲突所带来的精力损耗非常巨大。神经症在本质上其实是特定文化的产物，它会损害人类的品质和潜能，而神经症反应也可以说是对现代文明制度的无声控诉。

未解决的冲突会导致患者精力分散，不仅如此，它还会造成患者价值观的分裂，包括道德准则的分裂，以及行为、情感和态度方面的分裂——这些不仅影响着患者自身的发展，还影响着他与他人的关系。道德准则的不统一，会导致道德整体遭到破坏，换言之，也即导致道德诚信受到损害，这和分散精力会导致浪费一样。患者的立场相互矛盾，于是他企图掩盖这种矛盾，无休无止地进行着这种分裂性的内耗。

相互矛盾的道德准则还会渗透到基本冲突中。患者竭尽所能协调它们，但它们还是不断对他产生坏的影响。从另一个角度看，患者从来没有把哪一种道德观当回事。理想化形象的本质是一种幻觉，尽管它带有真实理想的成分，它们的相似度就和真钞与假钞一样。患者本人以及经验不足的分析师很难分辨它到底是真实理想，还是理想化形象。神经症患者要么坚信自己的追求是真实理想，营造一种尽职尽责、精益求精的匠人形象，容不得自己有任何过失，否则就会苛责自己；要么他就会在谈论和思考价值观和理想时坠入自我陶醉。他自以为是的理想对他的生活没有任何驱动功能，所以我认为他所追求的并不是真正的理想。他所付诸实践的只是管用的和容易达成的追求，其他的追求，他都会弃之如敝屣。这样的例子我们在描述盲区作用和区隔化的时候已经见识过了，真正拥有理想的人极少出现类似的情况。人们不可能如此轻易抛弃真正的理想。有一位患者坚信自己对某项事业有着执着的追求，可实际上一丁点诱惑，就会让他背叛那种事业。

道德诚信受到损害，最明显的表现就是诚信减少，变得越来越虚伪自私。我从日本的一些禅宗经典当中看到一个说法，非常有意思：真诚的人无一不是内心完整的人。这和我们通过临床观察所得出的结论不谋而合：内心分裂的人不可能做到完全真诚。

徒弟：我听说狮子追捕猎物时，不管猎物是一头大象，还是一只兔子，它都会全力以赴。弟子不明白这种力量是什么，请您开释。

师父：真诚的力量（字面意思是“不欺的力量”）。

真诚就是“不欺”，能够“全身心投入行动”“不遗余力”……这意味着，既不浪费一丝力量，也不保留一丝力量，真实不虚。

一个人能这样生活，他就是一头金毛雄狮。这是真诚、雄健、内心完整的象征。如此，即是圣人。

虚伪自私是一个道德范畴的问题。它的出发点是将别人置于自己的利益之下。患者将他人当作实现自己目的的工具，而不再认为被利用者与自己有同等的权力。他为了缓解自己的焦虑而喜欢别人，或者讨好别人；他为了提升自己的自尊而去感动别人；他没有能力承担责任，所以将责任推到他人身上进行谴责；他需要成功来支撑自己，所以总想着打败别人，等等。

我在前面的章节里已经讲述过很多不同个体所表现出的差异性损害了，如果详细论述将是一个艰巨的任务，所以这里我们只系统地回顾一下。我们先不讨论施虐倾向，因为它被视为神经症发展的最后阶段，所以放到以后再说。我们先从最明显的表现开始。无意识的虚伪是一个非常重要的因素，无论神经症以哪一种方式发展。下面所述，就是一些显著的无意识虚假的表现。

不实的爱。在“爱”这个词里，包含着丰富的感受和愿望，还包括主观上认为是爱的感受，其种类特别复杂，甚至让人惊叹。它可以指一个人所持的寄生性期望，这种人觉得自己空虚而脆弱，没有能力独立生活。它也可以表现为某种欲望，如，以爱之名追逐权力、名望和成功的欲望，这种表现在攻击倾向的人身上最为常见。它还可以是一种需求，如打败别人、征服别人的需求；或把自己融入对方，通过对方来实现自己生活目标的需求；又或为了达到该目的而虐待对方的需求；再或者，为了让别人肯定自己的理想化形象而期待他人赞美的需求。在我们的文明制度中，正是一些类似上述的原因，使得爱不再是一种纯粹的温情，背叛、虐待比比皆是，以至于我们生出这样一种感觉：爱总是和怨恨、冷漠、鄙弃形影相随。实际上，这些都是虚假的爱，而产生这种假爱的倾向和感觉必然经不起考验，但真正的爱绝不是这么容易变质的。在父母和孩子的关系中，在朋友关系中，在夫妻关系中，都存在这种虚假的爱，这一点容不得我们漂白。

不实的善良。包括同情、慷慨等，它与虚假的爱情况类似，顺从型患者普遍都有这一特征。这种假象，由于攻击倾向受到压抑，以及该类患者特有的理想化形象，其虚假成分会与日俱增。

不实的学识和兴趣。自我疏离和认为可以通过超限自控就能掌控生活的人，都明显地表现出了这种虚假。他们装出一副无所不知、无所不能，对一切都感兴趣的样子。还有一类人也会表现出这种虚假，只是更为隐蔽，不易被觉察。这类人把所有的心思都放在追逐权力、财富和成功上，但表面上看起来却像一心一意追求某项事业。

不实的公正和真诚。在对抗型患者身上经常能看到这种虚假。如果他有显著的施虐倾向，那么这一虚假就尤为严重。在他眼里，别人的善良和爱都是虚伪的表现，只有自己是真诚的，因为他不会假装善良，也不会假装孝顺、大方或爱国等。其实换个角度看，他的这种自以为是的真诚，何尝不是另一种伪善？他习惯性地否定传统价值观，以偏激的态度拒绝一切大众观点。他的口头禅是“不”，但这只是因为他期待打败别人，而并不是因为他真的强大。在他的逻辑里，他对别人的讽刺和嘲笑是一种坦诚的表现；从他嘴里说出的“公正”，往往隐藏着利用他人达到个人目的的企图。

不实的痛苦。这一虚假，人们对它存在很多疑问，所以我们需要详细论述。经验不足的分析师，以及一味坚持弗洛伊德理论的科学家，都认为神经症患者有受虐需求，认为他们渴望别人的惩罚，渴望痛苦。我们都知道是那些材料在支持这一观点。“需求”这一学术用语，实际包含着各种各样的理性罪恶。神经症患者所承受的痛苦，远比他意识到的痛苦要多得多，而且这些意识到的痛苦也是在开始康复时才逐渐浮出水面的。然而那些坚持“痛苦需求”观点的人却认识到这一事实。说得更准确一些，坚持这一观点的人认识不到患者承受未解决的冲突所带来的痛苦，并不是他乐意承受，而是因为他不得不承受。假设有一位神经症患者选择让自己的人格四分五裂，显然是因为他内心的需求强迫他这么做，而不是因为他喜欢受伤害。如果他挨了一巴掌后能把另一边脸凑过去，这才是真正的宽宏大量、虚怀若谷。但他显然不是这类人，而且还会因为这么做而看不起自己。他只是太害怕自己的攻击性冲动突然发作，以至于走向另一个极端，也即让自己受别人的虐待。

神经症患者有一个嗜好，那就是将不幸和痛苦夸大，这才表现得像是有受虐癖好一样。神经症患者固然有受苦的感觉，并且喜欢卖力炫耀自己的痛苦，但这是因为他别有动机，比如求取别人的原谅，或求取他人的关心，再或者消除自己对报复欲望的压抑。他只是无意识地拿它来实现利己的目的而已。考虑到神经症患者的情感和感知情况，我们有理由认为，这是神经症患者唯一可利用的手段，用以实现某种企图。另外，他总是把痛苦归咎于外因，以制造一种无辜的假象，但他的推诿很多时候都不能成立。这也是不容忽视的事实。尽管有时候他可能承认自己的“过失”，并为此耿耿于怀，显得很苦恼，但他苦恼的真正原因是真实自我不符合理想化形象。比如，当爱人和他分手时，他自认为爱得太深，因而感觉被掏空了一样，但实际上他只是没有独立生活的能力，所以才有这种没着没落的感觉。再说最后一个事实，他的情感也可能是假的，他认为自己的感受是痛苦，但实际上是愤怒。举个例子，有一位女患者因为爱人没有按时给她写信，她感到苦楚不堪，但实际上她是在生气。可能对爱人的任何一点疏忽，她都认为是一种蔑视，又或者，她希望任何事情都遵从她的主观意志发展。这个例子中的女患者，不愿意意识到自己是在生气，也不愿意意识到是什么驱使她生气，她宁肯认为自己的感觉是痛苦，而且一再强调这种痛苦。她的这种强调，只是用来遮掩隐藏在复杂关系背后的虚伪。通过上述这些例子，我们可以看到，所有的患者都没有“受苦需求”，他们表现出的痛苦，只是以无意识的方式“捏造”出来的。

无意识的骄傲也会对患者造成损害，这种特定的损害更加隐蔽。我所说的这种无意识的骄傲，是指患者潜意识里认为自己有资格瞧不起或苛责他人，而他的所谓资格，其实是将自己并不具备或者只具备一小部分的品质当成了自己完全具备的品质。这种不合理，患者自己意识不到，也可以说，神经症式的骄傲全都存在于潜意识中。不过，我们要谈的不是有意识的骄傲与无意识的骄傲的区别，而是显著的骄傲与隐藏在过度谦虚背后的骄傲的区别。这两种骄傲，本质性的差别不在于骄傲的程度，而在于各自所表现出的攻击性的大小程度。如果一个人的骄傲属于前者，那么他会理直气壮地直接索要特权。如果属于后者，他会期待别人自动自觉授予他特权，而如果希望落空，他会觉得深受伤害。两者的共同点是，他们都不承认自己有缺点。而事实上所有人都有缺点，但他们缺乏承认事实的谦虚态度，尤其是让他们承认自己身上有缺点——不仅是口头上承认，也要在心里承认。我所接触过的患者当中，没有一个人愿意思考自己的缺点，也不愿意听别人谈论他们的任何缺点，而在那些有潜在骄傲倾向的人身上，这种情况表现得更加明显。想让他们像圣·保罗一样说出“我所知甚少”这样的话简直难比登天，他们宁肯责怪自己粗心大意。他们绝不甘心承认没有能力保持良好的状态，而宁愿苛责自己不够细心或者缺乏耐心。自责（以及与之相随的歉疚感）和隐藏的愤怒（恼怒别人对他的无视或谴责）之间存在的显著矛盾，是潜在骄傲倾向的最常见表现。过度谦逊的患者将这种受了伤害的感觉，很好地隐藏了起来，分析师需要特别留意才能够察觉得到。真实的他，其实和明显傲慢者一样，对待他人非常严苛，批评他人时不留余地。表面上他表现得十分谦卑，非常崇拜他人，但内心里却期望他人和他一样完美，这说明他从来没有真正尊重过他人的独特个性。

态度不明确，以及由此带来的不靠谱，同样是道德范畴内的弊病。这类患者向来是根据自己的主观需求来对某个人、某件事或某个想法做出判断，而极少依据客观事实表明立场。他的这种立场又因为主观需求相互矛盾而经常摇摆不定。很多神经症患者都像被无意识收买了一样，如喜好、特权、名望和“自由”。无论是患者与个人的关系，还是与群体的关系，他所有的人际关系都体现出了这种情况。患者想要表达自己对他人的看法或感受变得极为困难。他会因为别人的一点失望或轻视，或自认为受到了这样的对待而跟别人断绝友谊。他的观点很容易被一些毫无依据的说法所左右。一旦遇上困难，哪怕是微不足道的困难，他们的热情都会冷却，变得极为冷漠。不管是政治理念、科学观念，还是宗教信仰，都可能因为一点个人私怨而改变。在私密的谈话中，他们可能表达一些鲜明的态度，但是只要受到一些权威或团体施加的压力，他们马上就会让步附和。他们轻易改变观点的时候，通常自己意识不到，自然也不清楚为什么会改变自己的观点。

神经症患者会无意识地避免显而易见的摇摆不定，采取的办法是不第一个表态，或者像墙头草一样持观望态度，以便随时有余地倒向某一边。他被一种虚假的公正所支配，像身不由己一样，或者合理化自己的某一态度，而他通常抬出的理由就是“情况复杂”。追求公正当然很有价值，而且很多时候，以良知为出发点要求公平合理，确实会让人难以坚持单一立场，但神经症患者追求“公正”的目的，只是想让别人认为他没有偏见，是一个“圣人”，这种“公正”不过是理想化形象强加给他的一种强迫性追求。患者持一种虚假的客观公正的态度，站在不偏不倚的立场上看待双方观点，他总有一种认为两种观点其实并不矛盾的倾向。如果是一场辩论，他会觉得双方说的都对，可实际上他从来没有透过事物的表面去看问题的本质，他也没有这样的能力。

这方面的表现因神经症类型的不同而有很大的差异。如果是疏离型患者，他们会避开旋涡一般的亲密关系和病态竞争，欲望和“爱”对他们的吸引力也十分微弱，并且，他们常以一种旁观者的姿态来对待自己的生活，所以他们的判断的确具有一定的客观性，因此表面看起来他们相当正直。但疏离型患者并不是人人都有自己的立场。他可能不愿意参加争论或表态，甚至自己心中压根没有定见。别人说好则好，别人说坏则坏，顶多能记得有依据还是没有依据，总之他自己没有看法，或者有很多混乱不清的看法。

如果是对抗型患者，他们似乎非常有能力确定自己的看法，并竭力捍卫自己的看法，固守己见。我原本认为神经症患者都难以持有自己的观点和论断，但好像被对抗型患者的表现给推翻了，尤其当他们固执地认为自己绝对正确的时候。然而他们的这种表现其实具有欺骗性。这类患者往往是出于固执己见而表达一个明确的观点，并不是他真的确信该观点是正确的。他的观点通常带有盲目性和教条性，他们用固执己见这种手段来消除内心的困扰。他们同样很容易改变自己的观点，比如当他们受到权力或者成功的诱惑时。他对名望和权力的渴望，使得他们的可靠性十分有限。

“责任”一词具有太多的含义，它所指代的是一种尽职尽责完成义务的可能性，而神经症患者对责任的态度，会让人完全摸不着头脑。特定的性格结构，决定了神经症患者是否能够尽职尽责，所以在不同的神经症中它会有不同的表现。对某些神经症患者来说，责任就意味着：只要他的行为影响了别人就要为此负责。不过这也可能只是他的一个幌子，用来掩饰支配他人的企图。认为自己应该负起责任，该受责备，这种“负责”态度也可能只是一种愤怒的情绪，这种意义上的“责任”跟真正的责任风马牛不相及，因为纯粹是因为他没有符合理想化形象中的自己。

对自己负责意味着什么？如果我们知道这个问题的答案，也就会知道让神经症患者为自己负责会有多么困难，尽管他们有可能做到。首先，负责意味着承担后果，对神经症患者来说，就表示他需要向自己坦诚，向他人坦诚，无论是行为方面、言辞方面还是思想方面。欺瞒和推卸责任都与负责相对立。神经症患者在做一件事的时候，往往并不知道他在做什么，为什么要那样做，而且在主观上他也不想知道，因此让他对自己负责无疑十分困难。这也导致他总是千方百计想要逃避责任，要么声称自己一时大意，或者误会了，总之有很多理由，要么就干脆否认、遗忘或不屑一顾。他总是习惯性地认为，他所承受的困扰，都是他的妻子、同事或者分析师造成的，因为他总是倾向于认为错不在自己或者干脆置身事外。另外，在理想化形象中，他是无所不能的，因此他不需要为任何后果负责，甚至连后果是什么都看不清。由这种全能感又衍生出新的逃避责任的理由：只要他愿意，可以做成任何事情，包括逃避责任。但当他意识到无法逃避后果时，他的这种感觉就会支离破碎。还有最后一个因素，人们通常能从神经症患者身上看到这样一种情况，他们的思维当中好像只有两个词——“过错”和“惩罚”。即是说，他们有一种仿佛天生的缺陷——无法通过因果关系去思考问题。分析时，分析师让患者正视他的冲突以及由此带来的后果，但几乎所有患者都会觉得分析师在谴责他。即使在分析情境之外，他也总是蜷缩在自己的防御堡垒中，因为他觉得别人拿他当犯人来对待，对他充满怀疑和敌意。其实这完全是他自己的内心活动的外化，是他的理想化形象引出了这些怀疑和敌对倾向，这一点我们已经很明确了。他的内心世界戒备森严，草木皆兵，再加上这些心理活动被外化，致使他无法将自己带入问题，考虑其因果关系。但是，像天上下雨地上流这种事，为什么他不会责怪别人呢？因为只要不涉及他身上所潜藏的问题，他会像正常人一样，接受这种偶然关联，实事求是。

为自己负责，除了意味着要为自己的错误承担后果外，还意味着我们要坚持自认为正确的东西，无论是一个决定，还是某一举动。然而内心的冲突让患者的判断力处于分裂状态，所以他是无法做到这一点的。他不知道应该选择哪一种倾向，或者能够选择哪一种倾向，因为他所有的倾向都是相互矛盾的。当他无法在它们当中选择其中一种奉而行之时，他就用理想化形象来欺骗自己，他坚信自己不可能出错，也不容许自己出错，假如他感觉到自己错了，就必须找人来顶包，以维持自己永远正确的假象。

为了更好地说明这个问题，我们举一个简单的例子。有一位身居高职的人，他希望本部门没有人能超越他的权力和威望；假如他离开这个部门，这个部门就无法正常运转，什么决策都做不出来，也完不成；他认为他比所有人都见多识广；就算很多同事受过专业培训，有能力处理好各项事务，他也觉得将自己的职权下放是一种错误，是对部门不负责任；他觉得除了他以外，该部门的其他人全都可有可无，他也不希望他们真的不可或缺；当他没有达到对自己的要求时，他会说这是因为自己实在太忙，顾不过来。他除了有支配他人的倾向外，还想做一个善解人意的人，也即有顺从他人的倾向。基于这些未解决的冲突，他表现出了所有我们之前描述过的症状，如嗜睡、怠惰、拖延、犹豫不决等。这些症状又对他形成困扰，使他无法合理安排自己的时间。他觉得守时赴约是一种强迫，所以他讨厌守时，而让别人等他，他却十分享受。为了满足自己的虚荣心，他还做了很多完全没必要做的事情。这样的人显然不可能称职，但他把过失推给别人或环境，而从不认为这是他自己的问题。

那么，我们再回到原先的问题上，这样的人，能够为他人格中的某一种倾向负责吗？他同时有支配倾向、顺从和讨好的倾向，而且他对这两种倾向都毫无察觉。就算他能够意识到它们，但因为两者都具有强迫性，所以他也做不到放弃其中一个，而全心全意支持另一个。他的理想化形象只允许他看到自己的优点，比如有远大抱负、潜力无限等，而不允许他看清真正的自己。所以，他当然不能对冲突产生的结果负责。那样做无异于要他把一心想掩饰的、不让自己看到的东西全部暴露出来。

神经症患者通常极不愿意（无意识的）为自己的行为后果

负责，哪怕后果特别明显，他也假装看不见。他认为即使自己身上真有冲突，他也可以轻易解决，因为他是全能的。他总是有意无意地回避问题的因果关系，认为所有的问题都应该由别人负责，跟自己没有关系。本来，只要他承认问题的因果，他就能够从中获益，起码能让他知道，他的生活方式是病态的，因果关系已经简单明了地表明了这一点。但他却宁肯无意识地采取各种狡猾的手段回避它。这些狡猾的策略改变不了我们精神生活中的法则。而精神世界之外，同样受到这些法则的无情制约[①]。

由于神经症患者总是不由自主把注意力集中于“责任”的消极意义上，所以每当谈到它，他就会表现得情绪低落。回避责任，是他追求独立的最大障碍，可能前期他意识不到，但后期他会逐渐明白。他认为想要获得独立，只需要有勇气做出某种承诺即可，但实际上，一个人想要获得真正的内心自由，必须勇于承担责任，尤其要勇于对自己负责。

神经症患者通常会使用三种手段来避免承认自己的问题，以及承认受苦源于内心冲突这一事实。有时候他会从三种手段中任选一种，但更多的时候是三种并用。首先是外化，神经症

---

① 请参阅林语堂的《啼笑皆非》。他在《成绩》这一篇里说，他感到十分懊恼：为何西方文明如此不理解这些精神法则。——原注

实际上，一个人想要获得真正的内心自由，必须勇于承担责任，尤其要勇于对自己负责。

患者已经把这一手段使用得出神入化了，他可以把受苦的原因归咎于任何东西，如妻子、父母、命运、健康、空气、食物，等等。他可能觉得，自己是个无辜者，明明什么都没有做错，可是上天无端降下不幸，因此觉得上天不公，这种不公包含一切不幸：感冒、生病、死亡、家庭不和、孩子体弱、得不到上司和同事的赞赏，等等。这里面包含两重错误，无论他是有意识的还是无意识的。首先，应该由他担负的责任，他视而不见。其次，有些因素不以他的意志为转移，不过对他的生活影响很大，他同样视而不见。这种策略是疏离型患者所惯用的，其中包含着一种很特别的逻辑。这一类型的人通常只关注自己，也即以自我为中心，这种态度让他没办法将自己当成一个大链条中的小环节。他不愿意将自己与别人联系起来，不管是好的还是不好的，他只是理所当然地认为，自己会在某个时刻和某个特定的条件下获得举世瞩目的成功，享受到一切好处。但他的这种疏离，得来的只有苦恼，这让他大惑不解。

第三种手段就是否认受苦的真正原因。他认为自己是无辜的，所有的苦果都是偶然事件，和自己的问题无关。他可能认为，恐惧或抑郁是突然出现的，而且出现得莫名其妙。我们不排除这样的可能性：他对自己的了解不够深，或对心理学所知甚少。但是在分析情境中，分析师提出的任何一种关联性，患者都坚决表示不可能。他要么否认那些因果关系，要么视而不见，要么觉得分析师只是要将“责任”推给他，而不是为了帮助他解决麻烦（这是他来看医生的原因），于是他用各种狡猾的手段挽回自己的颜面。患者即便认识到自己怠惰的真正原因，也会刻意无视由他的怠惰造成的损失：他的懒惰影响了他的工作和生活，也耽误了分析工作的进展。或者，即便患者认识到他对别人有攻击倾向，他也不会认为这和他不受别人喜欢，以及经常与别人发生冲突有关。他认为，生活中的麻烦，与他内心的困扰根本是两码事，之间没有任何关联。区隔化倾向产生的主要原因，就是这种将内在冲突与它对生活的影响相隔离的举措。

神经症患者极少愿意承认自己的倾向，以及由这种倾向造成的苦果，而分析师也很容易忽视它们之间的关联的价值，一来患者是如此不留余力地要把它们遮掩起来，二来它们之间的关联太过明显了。患者不可能自己意识到无视后果以及无视后果的原因对自己的生活造成了多么巨大的影响，这正是分析师以及分析工作的意义所在。如果能让患者意识到后果，将是分析工作最大的收获，因为只有这样才能让患者拥有获得自由的决心，而去改变内心的某些东西。

如果无法让神经症患者对自己负责，比如对自己的欺瞒、傲慢、以自我为中心和逃避责任，我们还能期望他建立自己的道德观吗？可能有人认为，患者的道德问题不是分析师该考虑的，那超出分析师的职责范围了，我们应该把精力放在患者的病症上和治疗方法上。甚至有人会这样说：抛弃“道德说教”正是我们应该提倡的一种科学态度，这是弗洛伊德最伟大的贡献之一。

这种饱受争议的所谓的科学态度真的经得起检验吗？分析医生在面对人的行为问题时，真的可以摒除对道德取向的判断吗？尽管分析师有意识地拒绝承认，但是在判断什么东西需要分析什么不需要分析的时候，不正是建立在道德判断的基础上所进行的吗？如果这类潜在的判断是建立在过分主观或者过分传统的基础上，就会存在弊端。比如，分析师认为男人的不检点行为不需要分析，因为他觉得男人放荡一些理所应当，而女人有这样的表现则需要认真分析。于是他把分析的重点转移到男女的忠诚问题上。可事实上，判断什么应该分析什么不需要分析，应该以神经症类型作为依据。比如，患者的态度是否对他的成长造成了影响，是否对他的人际关系造成了影响，这才是应该关注的问题。因为，如果造成了不好的影响，那么显然这种态度是不可取的，需要纠正。分析师的任务就是把需要纠正这一态度的原因告诉患者，让患者心里有数。

最后我要说的是，前面所描述的分析师的那种观点，从本质上来说大错特错，它与患者的思维模式简直不谋而合。为什么这样说？因为它的逻辑是：道德观念因人而异，你的判断和我的判断尽管有差异，但不能说谁的判断更正确。可是这个逻辑忽略了一个事实：道德倾向关系着一系列的真实后果。为了说明这个问题，我们以神经症性质的傲慢倾向为例，来看看它能导致什么后果。分析师坚信，患者必须认识到自己的傲慢，并且这也是他最终需要克服的问题。分析师为什么会这样认为？可能是因为他在主日学校认识到，谦虚是一种美德，傲慢是一种罪过，也可能是因为他觉得傲慢是一种对事实的夸大，哪怕这一态度不该由患者自己来负责，但它会带来不好的后果，而这个后果必然要他本人来承担。在这个例子中，傲慢所能带来的后果是：患者无法认清自己，他的成长受到影响；傲慢的人往往以不公正的态度来对待他人，而终会自食其果，比如容易引发争吵，以及与他人的关系渐行渐远，这会让他在神经症的泥沼中越陷越深。所以到最后，分析师不得不关注患者的道德问题，因为患者的道德观，有一部分是从他的神经症产生的，而又反过来加剧他的神经症。

# Chapter 11 第十一章

# 绝望

神经症患者可以带着他未解决的冲突，偶尔从他喜欢干的事情当中获得暂时的满足。可他的这种快乐必然少之又少，因为有很多条件制约着它。他能感到快乐的时候只能是只有一个人的时候；或必须与他人在一起的时候；或必须是他占据主导地位的时候；或必须所有人都赞成他的时候。他感到快乐所依赖的条件经常相互矛盾，因此他能感到快乐的机会再一次减少。比如，某人希望另一个人当领导，但与此同时，他又感到非常不爽。再比如，某位女士想办一次家庭聚会，但因为她苛求每一个细节都完美，所以聚会还没开始，她就因为这些准备工作而疲惫不堪了；她因为丈夫的成功而感到骄傲，但又隐隐嫉妒自己的丈夫。并不是说神经症患者找不到快乐，只是说他的这种快乐既短暂又脆弱，极易被他的缺点以及对缺点的恐惧而破坏。

不仅如此，对神经症患者而言，哪怕是日常生活中常见的意外，也会变得非同小可。他不容许自己出现任何过失，尽管他没办法不让自己出错，因为他认为出错就等于否定了自己的价值，因此，哪怕是再不值一提的过错，都能让他患得患失陷入忧郁。如果听到别人的评价，即使是不带任何恶意的评价，他也会感到更加焦虑和担忧，于是变得更加不满足、不快乐。

这已经是非常糟糕的情况了，但是还有另一个因素带来更坏的影响。众所周知，希望是化解痛苦的最佳良药，可是神经症患者未解决的冲突让患者陷入一定程度的绝望，绝望的程度取决于冲突纠缠的程度。表面上患者是按照计划和理想行动，他自以为正在朝好的方向发展，但内心深处隐藏着绝望。男性患者可能寄期望于婚姻，认为只要有一位好妻子，就会有一栋比现在更大的房子，连老板也会变得比现在好。女性患者则幻想，假如自己是一个男人，身高比现在更高或者比现在更矮一些，年龄比现在更小或更大一些，情况就会比现在好得多。这些期望都是他们内心矛盾的外化，看起来有助于消除他们内心的不安，对他们有一定的帮助，但更多的时候只会令他们的绝望加剧。神经症患者把改变生活的契机寄托于外界的变化，可他们不知道，神经症会原封不动地随着他们进入任何一个新环境。

相较而言，年轻人建立希望更依赖于外部因素，这也导致分析师在对年轻患者进行分析时，会比预想中的要困难得多。当然，随着希望一次次破灭，年龄越来越大，他们寻找失败的原因时，会逐渐转向自身。

尽管患者意识不到内心的绝望，但是他所表现出的症状能表明它的存在以及绝望的程度。有一些失败的经历带给患者的失望程度远远大于它的合理影响，他不仅对该经历反应过激，而且旷日持久。患者青少年时期遭到朋友的背叛，考试失利，被学校以非正当理由开除，或者爱情受挫，等等，都可能让他陷入无尽的绝望。对挫折反应过激固然存在特殊原因，但我们在探究这些特殊原因之外，还要看到挫折本身所引发的更严重的绝望。患者可能表现得很快乐，但是如果他有自杀或死亡幻想，就算没有真的采取行动，但也足以证明患者身上存在广泛意义上的绝望。绝望可能以另一种面目出现，比如玩世不恭、轻浮、以一种无所谓的态度待人接物等，这种表现不仅在分析过程中经常出现，在患者的日常生活中也经常出现。另外，没有信心和勇气应对困难，也是绝望的一种表现。这一类绝望在弗洛伊德所归纳的分析治疗的负面反应的各种特质中占据半壁江山。解决困难，尽管伴随着痛苦和煎熬，但也可以带来新的感悟，对神经症患者来说是一条很好的出路。可是患者很有可能以沮丧的态度来面对问题，解决问题所必需的辛苦和煎熬他也不愿意付出。表面看起来，这似乎是因为患者缺乏克服困难的信心，但更深层的原因却是，患者觉得即使克服了困难也没什么意义。所以，在进行分析时，分析师给他带来的不安让他非常反感，他会发出抱怨，说那些领悟除了让他感到害怕外没有任何意义。除了这些表现外，绝望还表现为喜欢幻想和预言未来。我们很容易察觉患者对未来所持的悲观态度，但表面上看起来，这只是他害怕遭遇挫折、害怕犯错的一般性焦虑。很多神经症患者所设想的未来都是灰暗的，而不是光明的，就和希腊神话中的预言女神卡珊德拉[①]一样。无论患者的设想多么理性，但我们能通过他一味地凝视黑暗而不是光明判断出，他的内心深处隐藏着强烈的绝望。最后，慢性抑郁也是绝望的一种表现。一般情况下，人们不认为它是一种抑郁，因为它伪装得太好了。患者即便深受抑郁的煎熬，但是表面上可能很快乐，能够与别人共享美好时光，总之看起来蛮幸福的。可是他们早上起床时，往往要白白耗去好几个小时，他们没有勇气面对新的一天。他们通常不会抱怨说“生活是一副枷锁，至死方解”之类的话，但这是因为他们已经对生活心灰意冷了，所以他们总是表现出一副缺乏激情的多愁善感。

患者可能在一定程度上意识到了自己的绝望，尽管他意识

① 卡珊德拉是希腊、罗马神话中特洛伊城的公主，拥有预言能力，但没有人相信她的预言。传说在特洛伊战争中，她警告特洛伊人“木马内藏有一支军队”，但特洛伊人不愿意相信她的话。——译注

不到为什么要绝望。这一类患者对待生活，很少憧憬美好的事物，通常都是被动接受生活的种种，而且是以忍耐的心态来接受；他有一种宿命感，往往用哲学理论来抚慰自己，说人的命运是天注定的，生活的本质就是一场悲剧，谁也不能改变，而不这么想的都是傻子。

这类患者的绝望，分析师与他首次接触时就能感觉得到。他很可能给人一种非常任性的印象，因为即使一丁点不方便他都会十分反感，一丁点风险他都不愿意承担，一丁点代价他都不愿意付出。他不愿意做出牺牲是因为他不指望能从牺牲中获得什么。他这种类似的态度在他的生活中司空见惯，几乎体现于方方面面。他不满意他所生活的环境，也无法付出行动来改变什么，因为哪怕非常微小的困难，在他想来都是无比巨大的，实际上他只需要付出一丁点积极的努力就能改变他所不满的现状。

潜藏在内心深处的绝望，有时候只需要一句话就能让患者意识到。比如，分析师鼓励患者继续努力，好解决某个亟待解决的困难时，患者可能会说："这是不可能的，你不这样觉得吗？"但是，当患者意识到自己的绝望时，他会驾轻就熟地将它归咎于外界因素，比如工作、婚姻、政策等，他要说服自己，责任不在他身上。他抱怨的通常都不会是具体的和暂时的环境因素。在他的感知中，自己永远得不到快乐和自由，也做不成什么伟大的事业，任何能令他的生活变得有意义的事情都离他十分遥远，与他为伴的只有绝望。

索伦·克尔凯郭尔在《致命疾病》一书中说，无法成为我们自己是一切绝望的根源。这句深刻的话似乎让我们找到了问题的答案。成为我们自己有多么重要，以及无法实现这一点会让我们多么绝望，各个时代的哲学家一再强调，就连禅宗经典也将其视为核心主题。现代学者约翰·麦克马雷说过一句话，值得我们引用，他说："除了真正成为我们自己，还有什么更重要的事？"

未解决的冲突最坏的结果就是绝望。患者放弃希望，任由自己的人格继续分裂下去，这就是绝望的根源。这种状况可以由很多种神经症导致。冲突就像一座牢笼，患者感觉自己就像一只被关在笼中的鸟儿，尽管做了无数次的尝试，可每一次都以失败而告终。而且更糟糕的是，这些尝试让他的自我疏离进一步加剧，他的绝望也因为一次次受挫而更为严重。患者在进行创造性工作时难有进展，当努力失败后，他越发缺乏积极性，而且他的精力分散太多，所以他的尝试从未取得过成功。这种情况在他的爱情、婚姻和友谊上都有体现，可以说他的所有努力都是以失败而告终。而无数次的失败，又让他更加心灰意冷。

就像实验用的小白鼠看见笼子外有食物，一次次跳起来扑向食物，可因为有东西挡着，无论它扑了多少次，还是遭到同样的打击。

做不到理想化形象中的自己，同样会产生绝望。或许这是引起绝望的最重要的原因，但不能肯定，不过可以肯定的是，患者通过分析意识到真实自我与理想化形象存在的巨大差距时，他会表现出非常明显的绝望来。无法攀登上幻想中的高度只是绝望的一部分原因，更重要的原因是由此而生的自我否定，他觉得不管是爱情还是工作，只要是他想要得到的，他就一定无法得到。

重心转移也是患者陷入绝望的重要原因之一。患者丧失了生活的原动力，转向外部寻找虚幻的重心，他失去的不仅是自信和作为健全人理应有的信念，还会破罐子破摔。这种生活态度会产生非常严重的后果，甚至可以认为这是精神上的死亡，但人们对它的重视程度远远不够。索伦·克尔凯郭尔说："但是，尽管他颓废绝望……他还是可以……继续打发日子，起码表面上看起来他像所有人一样，每天奔波忙碌，结婚生子，争名夺利，捍卫尊严。没有人注意到，从更深刻的意义上讲，他是没有自我的。像这样难以引人注意的东西，世人是不会表示关注的。自我，是人们最不屑一顾的东西。让某个人意识到自我，对他来说简直是一场灾难，最大的灾难在于，他已丧失了自我。这种事发生时谁都不会察觉，即便发生了，也好像什么都没有发生。哪像断了一条胳膊或一条腿，或失去妻子这种事值得重视呢？甚至就连丢了几分钱也比丢了自我更值得重视。”

我通过临床观察看到，分析师很少认真看待绝望，也不会采取妥当的处理办法。我的一些同行看到患者的绝望后，有的视而不见，不把它当成一个问题来对待；有的大为震动，自己也感到很无望。医生的这种态度对分析工作非常有害。如果不切中要害，哪怕分析师付出了非常大的努力、他的治疗手段也十分高明，可是依旧会给患者一种感觉，那就是分析师放弃了对他的治疗。这种情况不光体现在医患关系上，还体现在日常生活的方方面面。比如，有的人总是怀疑同伴的能力，那他又如何给同伴带来有建设性的帮助？他连做朋友的资格都没有。如果对患者的绝望视而不见，则是犯了与上述错误相反的错误。他们只是一味鼓励患者，因为他们认为患者最需要的是鼓励。这种做法有值得称赞的地方，但远不足以解决实际问题。患者虽然能够通过分析师的鼓励感受到对方的好意，但他仍然反感分析师。患者的潜意识明白，这种善意的鼓励并不能帮助他逃脱绝望的深渊。

患者的绝望以及绝望程度，间接地从上面的描述中体现了出来，我们的首要任务就是从这些间接表现里识别它，并且硬碰硬地解决它。我们必须认识到，患者的绝望源于他未解决的冲突。这还不够，分析师还应该向患者说明，阻碍神经症消除的，其实正是患者不愿意尝试改变现状以及他自以为无法改变现状的态度。契诃夫的戏剧《樱桃园》里面有一幕可以说明这个问题。有一个眼看就要破产的家庭，他们不舍得离开自己心爱的樱桃园，但这是不得不接受的事实，于是他们感到伤心绝望。他们聘用的一位顾问提出建议，在庄园里建造几间房子，出租给别人。这是个很好的解决问题的点子。可是他们因循守旧，不愿意接受这个提议，只是一味地伤心难过。他们绝望地问，难道没有人能帮助他们吗？

如果那位顾问是一位分析师，就会告诉他们："你们确实正面临一道难关，但真正让你们无法渡过难关的，是你们的绝望心态。为什么要绝望呢？你们只要稍微改变一下生活方式，一切都能迎刃而解。"

如果分析师有解决问题的决心、信心和勇气，他才能相信患者可以摆脱自己的冲突，从目前的困境中解脱出来。遗憾的是，弗洛伊德的理念与我所坚持的这一信念正好相反。从弗洛伊德对人类未来以及对分析疗法的态度上，可以清楚地看到他的心理学和哲学在本质上是悲观的。他的悲观主义建立在他的理论基础上，所以失望是必然的。他认为人受本能的驱策，本能至多只能通过“升华”得到调节；人寻求满足的本能倾向注定了要在社会中处处碰壁；他认为，“自我”夹在本能与“超我”之间，两头不讨好，永受沉浮之苦，“超我”的使命就是压抑和摧残本能欲望，而“自我”除了被扯来扯去，被迫接受两者的修正外，毫无自由，所以根本不存在真正的理想；所谓实现自我的愿望，只是一种自恋；人生来具有破坏欲；人受“死亡本能”的支配，只能在自己受苦和毁灭他人之间做出选择。弗洛伊德的这些观点，使他所发明的极具潜在价值的治疗方法大受局限，因为所有的这些观点都否认了一个可能的事实：积极态度可以给人带来改变。与此相反，我深信神经症中的强迫性来自于人际关系的失调，而不是从娘胎里带出来的；这些倾向，可以随着人际关系的改善而发生改变，由矛盾倾向带来的冲突也可以真正消除。我不敢说我所倡导这种分析方法没有局限性，但我认为，我们有充分的理由相信，根本性的改变是可能的。另外，我们需要做大量工作才能清晰界定这些局限。

有以下几点原因可以让我们看到识别和解决患者绝望的重要性。第一，一些特殊性问题，比如抑郁、自杀等，可以通过这种处理方法得到很好的解决。想要治愈患者的抑郁症，首先需要在不触碰他一般性绝望的前提下，找出正在折磨他的冲突因素。当然，因为绝望是抑郁的深层来源，所以想要彻底解决抑郁，就必须触及绝望，如果找不到根源，患者的慢性抑郁是无法彻底痊愈的。处理自杀倾向同样也如此。众所周知，有很多因素能诱发自杀冲动，诸如报复、挑战、绝望等，如果在搞清楚冲动的原因后再去阻止自杀，显然太晚了。如果分析师能够将患者不动声色的绝望重视起来，加倍留意，并且在恰当的时候与患者一起讨论和分析他的问题，就能够很大程度地避免自杀事件的发生了。

另外，严重的神经症之所以难以治愈，正是因为患者的绝望从中作梗，这具有广泛的思考价值。弗洛伊德企图用“阻抑”一词囊括所有阻碍患者好转的因素，但是我们很难将绝望也归为此类。阻抑是一个集合名词，它偏向于指代患者内心不愿改变现状的所有因素。所以，在分析过程中，阻抑与促进这两种力量，也即阻力与动力是我们必须要研究的。患者的动力来源于他的内心，它是一种能够督促他获得内心自由的积极向上的力量，能够激发他的活力，用以克服阻力。而分析师也可以通过这一过程更深入地了解患者。内心活力是一股无比强大的力量，可以帮助人承受成长所带来的不可避免的痛苦；如果患者重新激发内心活力，他就有勇气和决心放弃曾经给予他安全感的态度，而以新的态度来对待自己和他人。这一过程需要患者自主自发地去完成，分析师的敦促和强迫是没有意义的。而这种珍贵的力量，被患者的绝望给禁锢了，可以说，它是分析师最强大的助力，能够协助他与患者的神经症做斗争，所以分析师如果不能识别这种力量并且以妥当的办法加以引导，就等于失去了一位强大的盟友。

解释问题不等于解决问题，尤其对于患者的绝望来说更是如此。如果能消除患者的宿命感，激发他改变现状的自信心，并且让他认识到最终必然能从绝望中重获自由，那么患者就拥有了自主行动的能力了，也就等于我们取得了实质性的进展。这个过程肯定不会一帆风顺，比如当患者有了一定的觉悟时，可能会变得非常乐观甚至是盲目乐观，而当他遇到更难解决的问题时又再次陷入绝望当中。这一过程可能要一次又一次地反复经历，不过，患者已经认识到自己真的可以做出改变，而且内在的动力也越来越强，那么绝望所带来的负面影响必然会逐渐减轻。在分析的开头阶段，这种动力也许只局限在他的小小愿望上，也即想要摆脱让他深感不安的症状。但随着患者对自己所受的束缚认识越深，随着他体会到自由的快乐，这种动力会越来越强。

# *Chapter 12* 第十二章

# 施虐倾向

被绝望所支配的神经症患者，为了支撑自己生活下去，会尝试各种各样的应对策略。如果神经症尚未完全摧毁他的创造力，他可能会将注意力集中在能够给他带来收获的事情上，并以此应对生活的残忍。有的人可能会全身心投入某项集体性工作当中，有的人则可能投身于宗教活动或社交活动当中。虽然他们不可能在工作中表现出太高的热情，但不会对工作造成坏的影响，他们的工作是有价值的。

还有一些人会选择适应某种特定的生活方式，就像例行公事一样，既不会期望过高，也不会否定这种生活方式。在约翰·马昆特的小说《时间太少》中，就有对这种生活方式的描述。埃利希·弗洛姆将它与神经症区别看待，将它描述为“缺失”状态。但是我认为这种单调正是由神经症造成的。

除了这几种应对方式外，还有一些人会选择将自己边缘化，在生活的边缘寻觅零星的乐趣。他们可能会放弃自己的人生抱负以及一切值得认真对待的东西。他们可能会从花天酒地、纸醉金迷这一类的事情中寻找偶然的快乐。他们可能不再坚持自己的立场和原则，得过且过，自暴自弃，最后完全失去生活的乐趣。他们无法安稳地工作和生活，只能不断地追求短暂的刺激。酗酒成瘾就是这种状态症状的一种较为严重的表现，查尔斯·杰克逊的《失去的周末》一书将其描写得淋漓尽致。有没有这种可能性，肺结核和癌症等这类慢性疾病，是不是在患者无意识地让自己四分五裂的过程中埋下病根的？

最后，绝望还可以导致患者的破坏欲增强，为了在心理上获得补偿，于是他才过上了这种“假装正常”的生活。我认为施虐倾向的心理机制就在于此。

分析师将精神分析的重点放在“施虐倒错”上，因为弗洛伊德认为施虐倾向是人的一种本能。虽然分析师们认识到了患者在日常生活中的施虐倾向的表现形式，但是并没有严格界定它，以至于将一切专横跋扈的行为或攻击性的行为都视为对施虐倾向这种本能的修正或者升华。比如争夺权力，弗洛伊德就将其视为对“施虐本能”的一种升华。追逐权力固然有可能让人的施虐倾向更加赤裸，可是它也有可能只是基于生存竞争的一种表现，而与神经症完全没有关联。比如，一个人将生活当成战场，那么他会认为所有人都是这个战场上的竞争对手。没有明确的界定，就意味着我们不知道该拿什么标准来判断施虐行为，也不知道施虐倾向会以什么样的形式表现出来。我们只能凭借个人直觉来判断哪些是施虐倾向，哪些不是。这对分析观察毫无助益。比如伤害他人这种行为，该行为本身并不能成为判定一个人有施虐倾向的证据。

在大范围的竞争中，或者在私人恩怨上，一个人伤害他的对手甚至同伴其实是一种迫不得已。他有可能是出于保护自己的原因而对他人抱有敌意，也可能是他觉得自己受到了惊吓或者伤害，所以要进行反击。尽管这种做法可能有些过激，但他在主观上会觉得这是天经地义的。不过，很多时候，我们也可能是打着“理所应当”的幌子来为施虐倾向做掩护。我们很难清晰无误地将二者区分开来。不过，这不能否认敌意有可能只是一种应激反应。对抗型患者认为自己在为生存做斗争，使用各种各样的方法攻击他人，这种情况我同样不准备将其归为施虐行为。尽管事实上有人的确受了伤，但是这种伤害的初衷并不是伤害本身，只是斗争的一种结果。说得简单点，这里所谈的攻击行为尽管也是基于敌意，但是并不是为了从伤害他人的行为中获得快感，行为的出发点，并不是一种病态的目的。

接下来我们就探讨一些常见的施虐态度。这种态度在那些不加掩饰的施虐倾向的人身上表现得很明显，尽管他们有可能没有意识到自己有施虐倾向。如果之后我提到了“施虐狂”一词，意指这个人经常有虐待他人的病态需求。

这种类型的人有奴役他人的心理需求，通常而言，他的理想奴役对象多为他的伴侣。他会挑选一个没有自己的理想、较为麻木和被动的人作为他理想的奴隶，一般这样的对象不会对施虐者有什么要求。这种施虐倾向可能表现为施虐者以自己的意愿来塑造或培养受虐者。在《皮格马利翁》一书中，希金斯教授对伊莉莎的塑造就是一种施虐行径。这种培养塑造可能有一定的正面作用，像老师教育学生、父母培养孩子等，甚至在性关系中也可能存在这种正面作用，特别是施虐者较受虐者更加成熟一些时。有时候在同性恋关系中也可能存在这种正面作用，比如一方为年轻的男人，另一方为年长的男人时。不过，因为这种塑造培养的真面目是肆虐，终究会露出狐狸尾巴。当受虐的"奴隶"有了自己的兴趣点，想脱离关系，或者自行交友时，施虐者就会露出他邪恶的一面。通常施虐者会陷入自己的嫉妒，这种嫉妒一方面赋予他强烈的占有欲，一方面又深深地折磨着他，进而他又反过来用这种手段折磨自己的"奴隶"。虐待者以主人自居，他对控制"奴隶"的兴趣远超过对自己的生活的兴趣。换句话说，他决不允许自己的伴侣脱离他，为此他宁愿放弃其他人际关系所能带来的好处和乐趣，也可以抛弃自己的事业。

施虐者奴役伴侣的方式非常相近，具有明显的特征，这是由双方的性格结构决定的。施虐者会努力维持这份关系，并且要让伴侣看到这份关系值得继续下去，因此他会对伴侣足够好；为了让伴侣明白他的好，他会满足伴侣某些需求，但他只会满足对方最低标准的精神需求；他会对伴侣说，除了他以外，别人不可能带给她这么大的快乐和性满足，也不会像他这么理解和包容她，他会说："相信我，除了我没有人受得了你。"他为了蛊惑伴侣保持这份关系，还可能勾勒一个美好的未来，比如他会明着说或者暗示将来会与她结婚，并会爱她一辈子，让她更加幸福，有更多钱可以花。他偶尔会讨好她，说他很需要她。施虐者通过占有和贬低自己的伴侣，将她孤立起来，使得他的任何策略都非常管用。如果伴侣对他的依赖程度足够高，他还可能以离开她作为威胁她的手段。施虐者威胁伴侣的方法还有很多，考虑到它们都有各自的特点，我们将会分开讨论。不过，我们想要理解这份关系为什么会这样，就必须先搞清伴侣的性格特点。作为伴侣的受虐者一般都是顺从型的人。他们害怕被抛弃，或者因为压抑了施虐倾向而非常绝望。这种情况我们会放在后面讨论。

实际上，在这份关系中，无论是受虐者还是施虐者，都会痛恨彼此的依赖。如果施虐者还有一定的疏离倾向，那么会觉得他在伴侣身上所花的情感和精力都是不值当的。他还可能责怪伴侣太过依赖他，而根本没有意识到正是他的控制造成了这种后果。他在表达对伴侣的不满，扬言要离开对方时，一方面的确有自己的不满和恐惧在内，另一方面其实也是在通过恐吓更进一步地控制伴侣。

渴望奴役他人并不代表所有施虐狂，还有一类施虐狂以玩弄他人感情为乐。这种行径带给他的快感，就像乐师玩弄乐器时一样。索伦·克尔凯郭尔的小说《引诱者日记》中，就讲述了这样一个人，他沉迷在这种游戏中不可自拔，而对自己的生活完全持冷漠态度。什么时候该表现出兴趣，什么时候该表现出冷漠，他控制得得心应手。他在观察和预估女孩们对他的反应时可谓准确得出神入化，他总有办法来激起和控制她们的情欲。他从来不关心他的行径会对那些女孩的生活造成什么样的影响，他只有在玩弄她们以满足自己的施虐需求时才拥有这份敏感。索伦·克尔凯郭尔的小说所描述的玩弄人心的阴谋诡计，全都是无意识的。所有这些阴谋和手段都有如下的共同点：抬高和贬损，吸引和拒绝，激奋并痛苦，迷醉而又失望。

施虐狂的另一个特点就是，他们是自私的，伴侣只是他们利用的对象。有时候，除了施虐的目的外，这种利用也可能是为了从对方身上获得某些好处，图谋好处也是目的之一，但这种所谓的好处，往往只是一种幻觉，他所付出的实际上远远超过他所得到的。不过，即使是毫无回报的利用，也能让施虐狂无比亢奋，这种快感和从别人那里占到便宜是一样的。施虐者直接或间接地控制住受虐者，而后永不知足地向受虐者提出各种各样的高要求，如果受虐者没有做到他所要求的，他就会设法让对方感到愧疚和羞惭，这种利用他人的手段将施虐特性暴露无遗。施虐者有无穷无尽的理由让自己感觉受到了不公正对待，继而理直气壮地提出更多的要求。即便施虐者提出的所有要求都得到了满足，他也不可能心存一丝感激，在易卜生的戏剧《海达·高布乐》中，就很好地描述了这一点。另外，这部戏剧还表现出了施虐狂如何用这些要求一边满足自己的变态欲望，一边伤害别人。这些要求可以是任何方面的，如性、职位、财物、受虐者的另眼相看、不离不弃和无限忍耐等。它们在本质上没有太大的区别，仅仅是施虐者千方百计、花样百出地利用受虐者来填补他精神世界的空虚。海达·高布乐身上也有这种特征，她的生活缺乏激情，于是不断地寻求刺激，又永无休止地抱怨生活无趣，再像吸血鬼一样从伴侣身上榨取活力来填补她自己的空虚。这种大多数情况下都是无意识的精神需求，很可能是施虐者利用他人和要求他人的根本原因。

施虐者还有一种想要挫败他人的倾向，当我们意识到这一点后，就更加明白利用的本质了。并不是说施虐者从来不愿意付出，吝啬绝不是施虐者的特征，有些时候他可以表现得非常大方。挫败他人是施虐者的一种无意识冲动，但这种冲动带给他的往往是快乐的进一步丧失，以及绝望和失去生的乐趣。他不愿看到受虐者有任何的满足和快乐，这会让他格外愤怒，因此他不惜采取各种各样的办法来挫败或毁灭受虐者的快乐。假如伴侣渴望见到他，他就会表现得非常冷漠；如果伴侣主动提出性交意愿，他就会兴致缺缺，甚至会阳痿；他处处流露着一种忧郁，一言一行都让人感到压抑和不快；任何积极肯定的事他都不愿做，或者只是嘴上说说。“他的腐朽充斥着身体的每一个角落，如同墨汁。他用不着做什么，对他来说仅仅活着就够了。”英国作家奥尔德斯·赫胥黎的话很好地诠释了施虐者，他还说，“这是一种穿着文明外衣的野蛮！这是一种精心修饰过的权力欲望！这是怎样的一种惊世奇才啊！他的阴霾居然有如此巨大的传染力，哪怕最高昂的兴致都会被它窒息，变成沮丧。”

除了上面的那些倾向外，施虐者还有一种想要贬损和羞辱他人的倾向，这一倾向和其他几种倾向在本质上是一样的。揭别人的疮疤，是他的一大乐趣，而发现别人的缺陷和弱点简直就是他的一大天赋。他能通过直觉敏锐地找出别人的敏感处和薄弱点，从而进行无情地攻击。但他又会将这种行为合理化为坦率、意在助人。在他想来，他是因为不太放心别人的能力和品性才这么做的，但是如果有人质问他，他这么做真的是因为不放心吗，他会立刻心慌意乱、局促不安。当然，患者的这种倾向确实有可能外化为对他人不信任。“要是那个家伙值得我信赖，我又何必多事呢？”他会这么说。但这种不信任，其实是因为他打心眼儿里轻蔑他人。他在做梦时，梦到那个人变成了老鼠、蟑螂等一类恶心的东西，连梦中都如此，他又怎么可能信任别人呢？施虐者只是意识到了他对别人的不信任，而没有意识到这种不信任源于他对别人的轻蔑心态。与其说这是一种倾向，不如说是一种喜欢盯着别人的短处看的怪癖。我觉得这样说更贴切。一方面，他总是挑别人的毛病；另一方面，他自己的毛病总是有办法将之外化，将责任推给别人。当他刺激得别人局促不安时，他能够立马注意到，对于别人的这种反应他会更加鄙视。他从来不会反思，这正是他想要的。如果被刺激的一方没有表现出不安，他又会义正词严地谴责对方不坦白，或者谴责对方藏着见不得人的秘密。他把受虐者一方调教成自己的傀儡，但他从不认为自己该为此负责，而是反过来埋怨对方太过依赖他。无意识的蔑视，不仅表现在用言语刺痛对方、伤害对方上，还表现在行动上，比如侮辱性的变态性行为。当施虐者的这些行径没有满足他的蔑视倾向时，或者反过来受辱时，他会觉得自己受到了别人的利用、侮辱和控制，他会情不自禁地发怒。他认为，无论怎么折磨冒犯者都是天经地义的，殴打、踢踹，哪怕杀死对方都不为过。他也有可能压抑自己的疯狂冲动，但紧接着他就会因为内心的焦灼而陷入一种急性恐慌中，甚至反映到身体上，表现为某种机体功能的障碍。

施虐倾向的患者到底是出于什么样的迫切需求，才做出这等残酷的举动呢？换句话说，施虐倾向的意义是什么？我认为“施虐倾向是性驱力的倒错”这一假设站不住脚。尽管施虐倾向确实在性行为中有所表现，但是据我所知，大部分的病态倾向，都会在性行为中有所表现，这跟它们表现在行走姿态、笔迹和工作方式上没有什么太大的区别。施虐过程的确会伴有某种兴奋，或者像我多次说过的那样，带有一种令人惊诧的亢奋，可是仅凭这些就妄下结论，认为这些兴奋或者激动在本质上都是性欲，无异于说“所有的兴奋都是性兴奋”，这显然是错误的，没有任何证据能证明这种观点是有道理的。从现象学来分析，性兴奋和虐待狂的兴奋在本质上是完全不同的两种感觉。

有一个说法很有吸引力，即肆虐冲动是童年虐待倾向的持续。支持这一断言的证据是，幼儿经常残忍地对待更幼小的孩子或动物，并且表现得很开心。有些人在看到这种表面的相似性后，就坚信成年人的施虐冲动是由幼儿的残忍发展过来的，可事实上真的是这样吗？答案是否定的。成年人的残忍属于另外一种虐待倾向，它表现出的一些特征是幼儿的残酷所不具备的，这一点我们有目共睹。儿童的残酷行为，看起来只是单纯的应激反应，一般出现于受压或受委屈的时候，它的动机是：通过对更弱小的对象进行报复来肯定自己。相较而言，成年人的虐待倾向显然有着更复杂的动机，而且表现形式也更复杂。上述那种貌似有道理的断言，就像所有动辄便以儿时经历来解释成人反常表现的理论一样，都不能回答一个很重要的问题：导致早期残忍持续和发展的因素是什么？

上述的那些断言不过管中窥豹略见一斑罢了，都只是看到了虐待狂的某一个侧面。一种只看到了性欲，另一种只看到了残忍。甚至连这两个现象自身都没有合理的解释。埃里希·弗洛姆认为：施虐狂没有独立生活的能力，所以他只能利用受虐者来构建一种生活，就像一种共生关系一样，实际上他并不是想要毁灭自己所依赖的伴侣。弗洛姆的这一观点相比其他人观点显然更加接近问题的本质，但同样不是正确答案。之所以这样说，是因为它依然无法给出一个合情合理的解释：强迫施虐狂去干涉他人生活的因素是什么？另外，为什么他会采取那种特定的方式来实施干预。

既然我们将施虐倾向当作一种神经症来看待，那么我们就应该致力于研究诱发该症状的人格结构，而不是将解释该症状当作首要的工作任务。如果我们站在这个角度看问题，情况就一目了然了：只有感觉自己的生活毫无意义的人，才会表现出明显的施虐倾向。人们其实早就通过临床检查感觉到这种隐藏着病症背后的情况了，甚至比发现病症本身还要早。在海达·高布乐和他的诱奸者身上，是不存在理想和抱负，以及所作所为的意义的，他们的生活早已枯竭。当一个人的生活变成这个样子后，剩下的出路，要么是向命运妥协，继续忍受一切，要么就反过来憎恨和报复生活。他觉得自己是一个被抛弃的人，于是对其他人怀有深深的敌意，可最终战败的一方总是他。他开始憎恨生活，憎恨生活中一切积极、正面的东西，然而在这种憎恨中又带有一种燃烧般的嫉妒。这种嫉妒就像一个人渴求某物，却总是得不到时所产生的嫉妒。这种人的憎恨和嫉妒，源自于他自以为生活抛弃了他。尼采称这种状态为“Lebensneid”，意思是“生活在嫉恨中”。这种人感觉不到别人也有各自的不幸，他只能感到当自己饥寒交迫时，别人正围在餐桌旁享受大餐；“他们”在享受健康、闲适、爱情、创作，并且都有自己的归宿……他仇恨“他们”的一切快乐和幸福。凭什么“他们”能享受他享受不到的自由和幸福？陀思妥耶夫斯基的小说《白痴》中有一段话说得十分贴切：他们的幸福和快乐，让他忍无可忍，他唯一的愿望就是把它们踩在脚下。小说当中那位患有肺结核的教员的行为就很好地体现出了这种态度，他往学生的面包片上吐口水，只有在欺凌他们的时候他才很有快感。这种有意识的行为就是从报复性的嫉妒中生出来的。打击他人的快乐，和使他人受挫通常是施虐狂的无意识行为，不过与上面的那位教员一样，他的出发点是卑劣的，都是一种“我痛苦你们也别好过”的心态。他看到别人像他一样失败和堕落，就会感觉舒坦多了，因为这样一来，他会觉得受苦的人终于不再只有他一个人了。

他的嫉妒和痛苦是如此刻骨铭心，以至于必须找方法来缓解。另一种缓解方法就是“酸葡萄”策略，而且他将这一方法运用得炉火纯青，哪怕是经验老到的观察者也很容易受骗。这是因为，他会竭力否认自己心怀嫉妒，并将它很好地掩藏起来。他总是盯着生活中的沉重、丑恶和痛苦的一面，这种专注除了能表现出他的嫉恨外，更能表现出他有心向自己证明自己的眼睛是多么雪亮，洞察力是多么敏锐，对人生的理解是多么透彻。

这也是他喜欢揭别人短处和贬损别人的原因之一。他看到一位美女时，首先注意到的总是她的缺陷。他进入一个房间后，一眼就能看到某件家具与其他的摆设不协调，或者某个部分的颜色与其他地方不搭，并且目光长久停留在上面。哪怕是一场非常出色的演讲，他也能游刃有余地从中挑出毛病来。总之，他擅长发现别人生活中的各种差错，以及别人的性格缺点和可能的不善动机。他将自己的注意力集中在那些存在缺陷或较为负面的事物上，而将其余的统统忽略，但如果他善于强词夺理，就会粉饰自己的这种倾向，将它说成是对不完美事物的过分敏感。

通过这些策略，他的嫉妒和憎恨的确得到了一定的缓解，不过他喜欢贬损他人的心态，又令他持续不断地产生更多的失望和不满。如果他没有子女，他会觉得有孩子是人生中最重要的体验，可他体验不到。如果他有孩子，又会将自己该负的责任视为人生中最沉重的负担。如果他有性对象，他认为这是一种耻辱；如果他没有性对象，他又会觉得自己好像被剥夺了什么，与此同时还对禁欲的危险忧心忡忡。如果他没有外出旅行的机会，他会觉得这是一种无能的表现，感到非常没面子；如果他有了这样的机会，他又会因此陷入苦恼，因为他害怕旅途中出现的任何不方便。他认为自己有足够理由对别人失望，并且让他们知道这一点，同时这也是他无休止地向别人提出各种要求的自以为是的理由。实际上，即便他的所有要求都得到了满足，他也不可能感到满意。他从来没有想过，长久以来他最不满的其实正是他自己。

贬损他人、嫉恨以及由此而产生的不满，在一定程度上解释了施虐倾向。那么，施虐狂专挑他人毛病，永不知足地向他人提出要求，挫败他人，伤害他人的这些行为，我们也就能够理解了。不过我们想要理解施虐狂的施虐倾向所造成的破坏性以及他的傲慢和偏执，就必须认识到，这些都是他的绝望所造成的后果。

施虐狂同样有理想化形象，而且该形象同样符合高尚而理想化的道德标准，尽管他的所作所为事实上连人性美德的最基本要求都达不到。这类人因为永远无法达到理想化形象的标准而感到绝望，所以无意识地或有意识地选择了破罐子破摔，并且沉溺于卑劣的行径中，体味绝望的快意。这和我们之前谈到过的一类人是完全一致的。他这样做会令真实自我与理想化形象之间的鸿沟越来越大。继而，他会感到自己彻底无法回头了，也更加无法宽恕自己了。随着绝望的加深，他会越发肆无忌惮，因而他觉得自己反正已经一无所有了，不在乎再失去些什么。如果不能扭转这种局面，他就永远不可能对自己采取一种新的、具有积极性的态度。如果不打破这个僵局，就企图用某种办法提高他的积极性，除了会暴露治疗者根本没有弄明白患者的状况外，不会有任何有建设性的成果。

他对自己的不满会发展到令他不能正视自己的地步。他变得更加偏执，因为他害怕被自我厌恶伤害。他需要拒绝一切外部的批评、冷漠和轻视，因为这些东西会碰触到他的自卑，他的策略就是，将这些视为别人的不公正对待，继而通过攻击别人来免除攻击他自己。这个模式已经发展为一种自我保护的堡垒了。我们用前面引用过的一个例子来说明这一过程。一位女性患者抱怨自己的丈夫缺乏果断，总是犹犹豫豫，可当她意识到她真正生气的其实是她自己有犹豫不决的毛病时，她简直想把自己撕碎。

有明显施虐倾向的人为什么一定要贬低别人，为什么有一种疯狂地想要改造他人——最起码想要改造他的伴侣——的欲望？现在我们换了一个角度看问题，是不是就能够理解了？除此之外，我们还能够看到这一策略背后的强迫性。他自己无法达到他的理想化形象的要求，于是他期望自己的伴侣能够达到，而且是强迫对方达到。如果伴侣无法达到时，他就会无比愤怒，并将愤怒发泄在伴侣身上。有时候，施虐者也可能会问自己："为什么我非要管他呢？他爱怎样就怎样。"但显然这种理智的考虑不会付诸实际行动，因为他并没有解决自身的冲突。他将自己的倾向外化，将自己施加在伴侣身上的压力合理化为“爱”或者希望同伴更好地“成长”。可事实上，我们很清楚，他并不是真的希望伴侣依照他自己的天性、遵循他自己的内在规律而发展，同样，这也不是爱，不是真的关心。他只是将自己的理想化形象强加在了伴侣的身上，让他来完成这项他自己无法完成的任务。他在做这件事的时候理直气壮，并且有一种成就感，这是因为他为了不受自卑的伤害而产生的自大心态在起作用。

理解了施虐狂的这种内心斗争后，我们就能够更加透彻地理解他的报复倾向了。报复倾向是施虐狂症状中的另一个更加具有代表性的因素，它像毒药一样渗透进了施虐者的每一个细胞中。他的报复具有强迫性，因为他只能用这种办法来驱逐内心强烈的自卑。他必须认为是别人毁了他的生活，他们应该为此负全部责任，作为补偿，他们也要承受他的身上所发生的一切。他无法看到绝望来源于他的内心。而且，由于他的偏执，他认为他本来不应该有任何苦恼，一切苦恼都是拜别人所赐，他才是受害者。他的同情心和爱心都被他的报复欲望给摧毁了。他会想：是他们毁了我的生活，我受苦的时候，他们却在享乐，我凭什么要对他们心存同情？他的报复欲望可以是有意识的，这一点取决于他所报复的对象。比如，他要报复的人是他的父母时，也就有可能意识到这一点。他没有意识到的是，报复欲是一种浸透了他整个人格的病态倾向。

我们对施虐狂倾向的人进行了上述这些了解后，就能看到他是这样一种人：他觉得自己被抛弃，无法从厄运中挣脱，于是倒行逆施，盲目地将愤怒发泄到别人身上。我们还看到，他是为了缓解自己的痛苦而将不幸强加给他人。这些解释并不是完整的答案。施虐者的那些不惜一切代价的疯狂追求，单用破坏性这一个方面是解释不通的，迫使他做出施虐行为的驱动力，必然能给他带来某种至关重要的好处才对。这种说法看起来与前面的断言相互矛盾，前面说施虐行为是丧失了希望后的产物，可一个人如果绝望了，还会有强烈的愿望和追求吗？我们要从施虐者的主观意志来看待这个问题。他确实通过贬损别人，令自己极具破坏力的自卑减轻了，同时还衍生了一种优越感。可以看到，他的确从中得到了具有积极意义的东西。不仅如此，他在改造他人生活的时候，所获得的不光是令自己兴奋的支配感，还获得了一种生活的替代价值；他玩弄和利用他人感情的时候，以别人的情感生活暂时填补了自己的情感生活的空洞，所以大大减弱了自己贫乏空虚的感觉；他挫败别人的时候，获胜的成就感让他暂时忘掉了失败的生活带给他的自怜自艾。也许他最强大的动力，就是通过报复而换取胜利的愿望。

同样，他如饥似渴地寻找兴奋和激情，也可以认为是他的追求的动力源。心理平衡、人格健全的人，是不需要这种刺激的，越成熟稳重的人，就越不会在意这些。但施虐者只有愤怒和挫败他人的快感，其他情绪几乎全都被压抑了，因此他的情感生活无比空虚。他想要肯定自己的价值，首先需要找到存在感，而这些刺激就是他证明自己还活着的唯一手段。

还有至关重要的一点，他与别人的有效互动基本只体现为虐待关系，而他在实施虐待时，会从中体验到一种力量感和强大感，这更加巩固了他无意识的全能感。施虐倾向的患者在接受分析时，会对自己的施虐倾向经历一个深刻的认知过程。初次意识到自己有这些倾向时，他必然会十分抗拒，即便在口头上承认社会的普遍标准，对这些倾向进行批判，但也不会真的认为自己有毛病。之后，他可能会在一个短暂的时间段里反感自己，并且做好了放弃虐待狂这种生活方式的准备。这时候，他会有种即将失去某个无比重要的事物的感觉。而后，他会第一次有意识地体验到虐待别人的兴奋。他可能开始担心，分析只会证实自己是一个卑微的弱者。这种主观产生的顾虑，在我们的分析过程中经常能看到，它和其他顾虑一样，并非毫无依据。分析会剥夺患者一种能力，即利用别人来填补自己情感空洞的能力。当他失去这种能力后，他便会意识到自己的绝望，会觉得自己只是一个无药可救的可怜虫。到了一定的时候他还会意识到，自己从虐待行为中体验到的力量感和强大感只是“赝品”。但是因为他无法获得真实的力量和自尊，他会舍不得丢弃这件“宝物”。

现在我们看清了施虐狂所追求的“成功”的真面目，那么，我们前面的断言，与绝望者不惜代价地追求某个目标这一说法，显然并不矛盾。因为他所追求的只是一些“赝品”罢了。自由和自我实现从来不是他所追求的目标。带给他绝望的因素原封不动，他也不期望自己有能力改变什么。

肆虐倾向意味着带着攻击欲望和破坏欲望生活。通过施虐狂方式所获得的情感收获，同样只是替代品，因为他期望他人帮助他实现。可是对于一个彻头彻尾的失败者来说，这是他唯一可以采用的方法。他不惜代价追求目标，其实是一种绝望的表现。他自认为已经一无所有了，所以只能够从别人身上索取。从这个意义上讲，施虐者的追求，无异于企图向他人索求补偿，这个目标带有一定的积极意义，因为他在狂热地追求目标、挫败他人的过程中，可以暂时忘记自己的失败感。但因为破坏性因素的存在，他的这些追求必然会给他带来负面的影响。

首先，他的自卑感会越来越深，这一点我们已经说过了。

另一个重要的影响是，这会引发他的焦虑。一方面，他害怕受虐者会报复他。他深信，只要让受虐者逮到机会，对方就一定会“以不公正的方式对待他”。换个角度说，他必须随时保持进攻姿态，好让受虐者即使想报复他也无机可乘。他以主动出击的姿态作为保护自己的手段，时刻保持高度的警惕。在他的潜意识中，他确信自己是无懈可击的，因此带着一种高傲的安全感：他的身上没有弱点，他永远不会生病，不会受伤，不会发生意外，甚至不会死亡。显然，这种虚假的安全感很容易被摧毁，当别人不经意间或者故意伤害了他，他可能立刻陷入恐慌。

他的焦虑，在一定程度上其实是对他自己的破坏性和不稳定性的恐惧。他觉得自己身上就像绑着一个装满炸药的炸弹一样，必须高度警觉，超限自控，才能够避免危险发生。一次醉酒就可能暴露那些能够引爆危险的因素，所以当他喝醉酒后会变得极具破坏性。有一些特殊情况更容易让他意识到他的那些冲动。比如当他遇上对他具有诱惑力的因素时。在左拉的小说《人面兽心》中刻画了这样一个施虐狂，他被一个女孩吸引，居然生出了杀掉她的冲动，进而陷入恐惧当中。患者的突发性恐惧也可能在看到一场事故或者某种残忍的举动时被诱发，因为他的破坏冲动很容易被这一类场景给激发出来。

在很大程度上，施虐倾向被压抑，是产生焦虑和自卑的主要原因。施虐者通常都意识不到自身的破坏性冲动，哪怕压抑的程度可能有的轻些有的重些，这听起来好像有些不可思议——施虐者居然不知道自己有施虐倾向。事实上，他偶尔可以意识到自己渴望虐待比他弱小的人，也可能意识到自己经常幻想施虐情景，还可能意识到当自己从别人身上看到或幻想到施虐情景时会感到十分兴奋。但是他并没有把这些零零碎碎的意识联系起来。平日里他对别人的所作所为，大部分都是在无意识中进行的，事后也意识不到。问题之所以会变得如此模糊，是因为他对自己的感觉，以及他对别人的感觉，都是麻木的。他无法从情感上体验到自己的所作所为，除非他能改变他的麻木状态。还有一点，施虐者有各种各样的借口来欺瞒受他影响的人以及他自己，以至于他们和他都意识不到他的行为其实是一种肆虐行为。施虐狂是严重神经症的末期阶段，我们必须牢记这一点。产生施虐倾向的特定的神经症结构，决定了他会以哪些借口来对自己和他人隐瞒他的施虐倾向。为了说明这一点，我们下面举三个人格类型的施虐倾向。

顺从型的人奴役伴侣，在无意识中认为这是在“爱”。他以可怜无助、充满恐惧又体弱多病为理由，觉得伙伴理应照顾他。他有任何需求，都会期望伴侣为他达成。他无法忍受孤独，所以伴侣就应该一直陪伴着他。他的责怪也是间接表现出来的，他总是无意识地向他人说明，别人给了他多少苦头。

对抗型的人在表达施虐倾向时，同样是无意识的，但他不会用别的“幌子”来掩饰。他有任何需求、不满或者轻蔑，都会直接表达出来，在他看来，这是一种坦诚、直率，他总有办法合理化自己的行径。他对别人的轻蔑和利用，都会外化，而后对别人说，他才是被虐待的人。

疏离型的人会以温和客气的方式表达自己的施虐倾向。他挫败他人的手段，可以用“绵里藏针”来形容。他随时随地做出一副准备离开的姿态，一方面威胁别人，让别人感觉到他的重要性；一方面又暗示别人，他们打扰到他了，或者让他感到不自由了。如果别人这时候表现出窘迫，他会感到很有成就感。

患者的施虐冲动还可以被压抑得更深，然后转变成所谓的倒错的施虐狂。这种情况是：患者由于过分惧怕自己的冲动，便退守自我，超限自控，竭尽全力不让自己的冲动暴露出来，不让自己和他人察觉。这时候，他对任何类似自我肯定、攻击和敌意的东西，都退避三舍，于是他对自己的压抑会更深，更全面。

用一个概括性叙述也许能更好地说明这一进程所导致的后果。严格自控、不让自己对别人做出任何一点施虐行为，到了结果最坏的时候，他连提出要求的能力也丧失了，更谈不上负责或担任领导职位了。他甚至连合情合理的嫉妒心也压抑了，至于别的方面就更加小心谨慎、如履薄冰。一个好的观察者会注意到，这类患者每遇上不顺心的事，都会反映到身体上，比如头疼、胃痛或者其他症状。

在利用他人方面过度退守，就会导致自卑感过度膨胀。他会变得不敢有自己的任何愿望，更不敢表达愿望；不敢觉得自己受了虐待，更不敢反抗他人的虐待；不敢维护自己的权益，宁肯被他人利用；觉得达成别人的期许或要求才是最重要的，而自己的则不值一提。他一方面为自己的步步退让感到羞耻，认为那是懦弱的表现，一方面又因为想要利用他人而感到恐惧，于是陷入进退维谷的危险境地。最终他做出的反应就是，抑郁或者某些机体功能出现紊乱。

与此同时，他会表现出过分的宽厚和温和，不仅不再做出挫败他人的举动，还时刻担心别人对他产生不满；他会矫枉过正地避免任何可能伤害他人情感的事，以及使他人受辱的事；他还会下意识地说一些讨好他人的话，比如赞美别人来让别人信任他；他会不经思考地立刻将过失揽到自己身上，并一个劲道歉；如果迫不得已必须批评别人，他会选择用最委婉顺耳的措辞。就算受到了别人的不公正对待，他也会表示“谅解”。

可实际上，他在这么做的时候，内心是非常痛苦的，因为他对任何委屈都非常敏感。

情感方面的施虐冲动处于过度压抑的状态时，患者可能会觉得自己毫无魅力。他真心实意地相信自己对异性没有吸引力，别人的任何关注都只是一种施舍，哪怕有证据表明事实正好相反。他的这种不如别人的感觉，显出患者的自卑已经渗透到了他的意识中。不过我们必须指出，患者认为自己没有吸引力，可能是他面对一些令他兴奋的诱惑，比如奴役他人或拒绝他人时所产生的无意识自我退缩。有一个情形通过分析会变得越发清晰明朗——患者无意识地勾画出了他自己的情感蓝图，尽管它与正常的爱还有很大距离，但也足以让他产生这样一种变化：当初的“丑小鸭”逐渐意识到了自己有吸引他人的愿望，并且他也有这样的能力。不过，当他的主动示爱真的得到对方的回应后，他又会轻视对方，带着怒意远远避开。

伴随着这种变化所表现出的性格特点具有很大的欺骗性，甚至难以对它们做出评价。他会表现得像顺从型人格一样。但我们知道，广泛意义上的施虐狂通常都是对抗型。只有倒错的施虐狂才会从一开始就表现出明显的顺从倾向。可能他在童年时代遭受过巨大的挫折，不得不表现出顺从的姿态来保护自己，在自己的真实情感外披上伪装的外衣，面对压迫他的人时，不是去反抗，而是转而爱他。这种冲突会伴随着他的成长而一天天增强，直到他再也承受不住——这种情况一般出现在青春期前后。他会选择退缩到孤独中自我慰藉。这片逃避现实的世外桃源并不能提供永久庇护，因为失败所带来的打击又会让他无法忍受孤独。于是他重返旧路，像最开始那样，依附他人。不过，这种“倒退”并没有真正回到从前，他有了强烈的被人喜爱的需要，甚至不惜一切代价来避免孤身一人的处境。可是与此同时，他还有着向孤独退缩的需要，这一需求与他亲近他人的愿望相矛盾，导致他得到温情的机会越来越少。这场内斗弄得他疲惫不堪，甚至陷入绝望，继而产生虐待他人的欲望。可他必须压抑这种冲动，因为他仍有对他人温情的需求，他以严苛的自控将自己的施虐冲动完全藏匿起来。

他可能意识不到，他处于这种两难境地下，与他人相处变得非常艰难。他显得腼腆、拘谨、矫揉造作。他不得不随时扮演与自己的虐待冲动相反的角色形象，而他自己信以为真，认为自己真的喜欢和别人亲近。在分析过程中，当他知道自己对他人的感情不是他认为的那样，或者当他知道他对别人根本没有感情的时候，他便会大吃一惊。紧接着，他会尝试放弃那种对别人有真感情的假象，并且本能地将注意力聚焦在自己永远不可能拥有真感情上。他的这一策略，其实是他无意识地避免承认自己的施虐倾向，所以宁肯不去感觉到它。可是，如果他想拥有自己的真情实感，他就必须认识到他的这些倾向，并且尝试去克服它们。

然而，训练有素的观察者不难看出，这种状况下的某些因素，标志着施虐倾向的存在。比如，尽管他采取的方式非常隐蔽，但依然能看出他的一些习惯性的举动暗藏着利用、威胁和挫败他人企图。或者，他经常无意识地轻视他人，这种态度非常明显，他将这种轻视合理化为他看不惯卑劣的人。还有一种表现能证明他的施虐倾向的存在，那就是他经常做出一些自相矛盾的事。比如，患者有时候特别敏感，将别人的一些行为视为对他的利用、轻蔑或支配，而有的时候，面对别人的真正虐待，他却可以耐心忍受。最后一个证据是，他总是觉得自己受到了伤害，看起来就像非常享受这种感觉一样，换句话说，他表现得像一个“受虐狂”一样。我们其实应该避免使用“受虐狂”这个词，因为这一术语以及它所包含的概念太容易造成误解。我们更应该描述与该证据相关的因素。患者压抑自我，不去维护和肯定自己，他在各种场合下都心甘情愿接受别人的伤害。但同时，别人的明显肆虐行为又深深吸引着他，让他感觉自己是个懦弱者，并因此陷入痛苦中，他对公然施虐者既憎恶又钦佩。而施虐者也会被他吸引，因为施虐者总是情不自禁地认为自己才是受害者。他就是这样将自己放到了一个被利用、被轻视、被挫败的位置上的。他并不是真的喜欢被虐待，所以他会感到痛苦。这种生活模式带给他的好处是：别人对他施虐，让他得到了一种满足自己的施虐冲动的机会，而且还不用意识到自己的施虐冲动。通过这种策略，他在自己的冲突中转危为安，将自己定位为无辜的受害者，并且有资格谴责施虐行为。不过，在他的内心深处，暗暗希望有朝一日将虐待他的人踩在脚下。

我所描述的这种情况，弗洛伊德同样观察到了，但他为了将这些现象纳入他的整个哲学框架中，在没有存足证据的情况下对将它们进行了概括，而后将它们当成了可靠的证据推而广之。他这么做反而将该观点的可信度降低了。他认为这些现象能证明人生来具有破坏欲，这是人的本能，无论他表面上多么优秀。可我认为，这种情况只是特定神经症的特定产物。

我们回过头来看本书开头所讨论过的某些观点。那些观点，有的把施虐狂患者视为性欲倒错者，有的把他们视为卑劣而恶毒的人，尽管用的也是学术用语。我们所得出的结论，相比这些观点已经有了很大的进步。性欲倒错是一种非常罕见的症状，即使施虐狂患者身上表现出了这种症状，也只是他对他人的所有态度中的其中一种而已。施虐者固然有破坏倾向，这一点毋庸置疑，可是当我们理解了它们后就会明白，实际上，这些表面上有失人性的行为，只是一个承受着巨大痛苦的人用来将自己藏起来的屏障。这种观点的意义在于，它让我们看到了通过分析影响这个人的希望。我们已经知道，他是一个被生活击垮的人，因此一边在绝望之中挣扎，一边努力寻求补偿。

# 结论　如何解决神经症冲突

我们对神经症冲突如何破坏人格的认识越深，就越想尽快知道如何解决这些冲突。不过我们都知道，想要解决这个问题，无论是靠回避、靠意志力，还是靠理智的决定，都是力所不及的。那么我们该怎么办呢？有且只有一个办法：从人格中产生这些冲突的因素入手，这是釜底抽薪之策。

这一解决方法比较激进，在实施过程中必然不会一帆风顺。我们之所以总是寻找捷径，就是因为改变自己是一件非常困难的事。患者或者其他人经常会问，是不是只要了解了自己的基本冲突，就能从目前的困境中解脱出来？我说一个明确的答案：光是这样，远远不够。

患者的精神分裂状态，分析师即便在分析初期就看出来了，并且让患者意识到这种分裂，依旧不能立刻实现上述想法。但这可以让患者的病情得到一定的缓解，患者从前的状态像是处于一个迷宫中，对自身一无所知，而现在起码可以了解到自身苦恼的根本原因了。不过这种收获只局限在分析当中，患者的日常生活依然一成不变。他的精神分裂状态没有得到根本性的解决，尽管他已经能够觉察到内心的各种冲突了。这就像他从别人那里听到一个真实但又陌生的消息，虽然他知道分析师说的是事实，可他意识不到这一事实对他意味着什么，仿佛跟他没有关系一样。这是因为患者无意识地固守旧我，令他意识到的这些情况失去了更大的效用。他会无意识地坚信：是外界环境不让他过得舒坦，否则他的一切都会很好；他的所有痛苦都会因为事业和爱情的成功而自动消除；尽管他可能有一些冲突，但绝不像分析师说得那么夸张；只要他少跟别人来往，冲突就没有机会发生；庸俗的人当然没有能力同时遵守两个相反的原则，但不包括他，他凭借自己的智慧和意志力足以做到这一点。除了这些想法外，他可能还会有其他想法，比如他觉得自己实在太善良了，以至于分析师把他当傻子，夸大他的问题来吓唬他，把本来就没有的病“治好”，以此来沽名钓誉。再比如，他认为分析医生什么都不懂，他的病根本就治不好，是绝症。这种情况下，分析师的任何建议，患者都会以绝望的心态来回应。

患者无意识的固守自我无疑反映出了两种状况：他不愿放弃固有的解决冲突的方法，这些方法远比冲突本身更加可信；

他已经对自己的病绝望了，认为根本没办法治好。这意味着，分析师想要有效应对患者的基本冲突，就必须先了解，患者用什么样的方法来应对他自身的冲突，以及达到了什么样的效果。

弗洛伊德过分重视遗传的影响力，这同样是一种寻找捷径的做法。有一个很重要的问题：是否认识到患者的冲突倾向，并且追根溯源，将它们与患者儿童时期的表现联系起来，就能解决问题呢？答案还是：远远不够。原因和前面说的一样。就算患者将他的童年经历回忆得再仔细，也无助于解决他的冲突，最多只是令他更加善待自己，对自己宽容一些。

不过，患者最初的冲突的确源于儿童时期他与别人，以及他与自己的关系的变化。所以尽管全面理解早期影响，以及这种影响对儿童人格的改变，对于临床分析而言没有什么直接价值，但对于我们研究神经症冲突的形成条件却是有帮助的[①]。关于冲突的形成过程，我在本书前面的几个章节里进行了描述，在其他已经出版的书里也讲过。概括说来，情况是这样的：患者在童年时期，可能处于一种令他缺乏安全、缺乏自信、缺乏自由，甚至不允许他有自发性的环境之中，他能感觉到自己的

① 在这一方面，还具有一定的预防意义。哪些环境因素对儿童的发展较为有利，哪些环境因素会阻碍他们的发展，如果我们了解了这些，就相当于找到了一条预防子女患上神经症的有效途径。——原注

精神核心遭到了威胁，因此陷入孤立无助的紧张状态，继而，他与别人的互动方式，是基于迫切的需要和对利害关系的判断所做出的，而不是依照他的真实意愿和真情实感做出的。他愿意或不愿意，喜欢或不喜欢，相信或不相信，都不是他真实意志的表达，他需要时时刻刻对别人保持警惕，并且在应对别人时，哪种方式对自己的伤害最小，他就使用哪种方式。我们可以将这种生活方式的核心特征概括为：拥有所有人都有的自豪感；被绝望笼罩；他以紧张而带有敌意的姿态看待他人——最初是警惕，发展到后来就变成了深切的憎恨；疏远他人，疏离自我。

如果这些状态继续存在下去，神经症患者的冲突倾向就不可能消除。而且他的神经症还会进一步发展，他们的内心需求也会愈加强烈。他与他人的关系，以及他与自己的关系，还会因为这种虚假的解决方法而变得更加不可调和，想真正解决冲突就越发不可能了。

因此，改变这些状态，就是分析治疗的首要任务。我们必须帮助患者找回自我，让他意识到自己的真情实感和真实需求，并且在此基础上，让他树立起自己的价值观，以及扶正他与他人的关系。尽管做到这一点很困难，但是如果我们制造了这一奇迹，他的冲突就会不攻自破。奇迹不会自己发生，我们所希望的这种变化，需要我们依照能够实现它的步骤有条不紊地进行。

任何一种神经症本质上都是一种性格障碍，无论它的症状表现有多么奇特。心理分析的任务就是对导致这些神经症的整个性格结构进行分析。我们对性格结构乃至个体性差异的认识越清晰，就越有把握在安排具体的工作步骤时做到精准无误。既然我们将神经症视为患者建立起来的防御堡垒，目的是为了应对他的基本冲突，那么我们就可以将分析工作大致分为两个步骤。

第一个步骤是，针对患者为了解决冲突所做的无意识的努力，以及这些努力对他的整个人格造成了什么样的影响进行详细研究。进行这一步骤时，我们不必考虑他的这些努力与暗藏的基本冲突有什么具体联系，只需要研究他的主要倾向、理想化形象和外化作用对他造成的影响等就够了。可能有人会说，不考虑冲突本身就无法理解他所做的这些努力，更别说进行针对性的研究了——我想说，这种想法是错误的。患者虽然是为了解决冲突而做出的这些努力，但是这些努力本身就有着各自的规律、意义和影响力。

第二个步骤才是处理冲突本身。这一步骤除了要帮助患者认识到冲突的大致情况，还要让他们明白冲突对他们造成了哪些影响，以及如何造成的这些影响。换句话说，分析师既要让患者了解这些相互矛盾的倾向，还要让他们谅解冲突所造成的后果，也即在具体的事例中两种矛盾的态度是怎样相互干扰的。举个例子，有一位顺从倾向较为显著的患者，除此之外，他还有倒错的施虐倾向，而这一倾向又强化了他的顺从倾向。这种情况下，他就应该认识到，他之所以无法赢得比赛的胜利，无法在工作中有出色的表现，都是由于他对顺从的需要对他造成了不可忽视的影响。他还应该认识到，他之所以如此渴望胜利，是受到了战胜他人的欲望的驱策。他还应该明白，无论有多少原因要求他超限自控，他的这种自控都与他的同情和对爱的需求相矛盾。我们必须让他看清楚，他的这些努力是如何从一个极端走向了另一个极端的；他如何时而纵容自己，时而又过于自控；他对将施虐倾向外化的需要如何在施虐倾向本身的作用下得到了强化；他对外化这一倾向的需要，如何与他对想要显得富有同情的需要相冲突；他如何前一刻还抱怨别人的行为，后一刻又谅解他们；他如何在不应该享有任何权力和应该享有一切权力之间左右摇摆。

另外，分析医生还应该向患者解释清楚，他企图达成的妥协是不可能实现的。这也是分析工作第二个步骤的任务之一。比如，分析师应该明确指出，患者试图让自私和慷慨完美结合是徒劳无益的，还有其他的企图也一样，比如兼容爱和奴役、奉献和支配等。患者还能通过分析意识到，他的理想化形象和外化行为只是将未解决的冲突掩盖了起来；只是暂时缓解了冲突对他的伤害。一言以蔽之，分析的目的，就是让患者明白他的冲突如何引发了他的神经症，以及未解决的冲突如何无孔不入地影响着他的整个人格。

根据临床经验，患者会摆出各种各样的防御姿态来阻挡分析工作的进行，分析工作的每一个阶段都不会一帆风顺。对于患者来说，他为了解决自身冲突所做的各种努力，包括他的态度和各种倾向，都有其主观价值，而当分析师想要破解他的这些努力时，患者必然会见招拆招，设置各种障碍，所以他也不可能透露真正的领悟。当分析师针对他的冲突进行分析时，他的全部心思都会花在证明自己的冲突并非冲突上，因此想让他认识到他的某些特定倾向实际上是相互矛盾的，也是一件非常困难的事。

弗洛伊德提出的建议，对于按照什么样的顺序来进行分析工作，有着很好的指导意义。他将医学分析领域的一项高效原则纳入了心理学的分析中。该原则强调，在帮助患者解决问题的时候，有两点非常重要：分析师所做的任何解释，都应该对患者有益；并且应该是无害的。换言之，分析师在进行分析时，必须时刻警醒自己注意两点：此时此刻让患者了解真相，他能否承受得住？我的解释对他有没有好处，是否能促使他进行建设性的思考？如何判断患者的承受底线，迄今为止没有一个确切的标准，至于如何促使他们进行建设性的思考，我们同样没有定论。而什么时候向患者做出解释时机最佳，由于患者的性格结构差异太大，我们依然没有较为可靠的参考标准。我们拥有的只有一项最基本的指导方针：只有在患者的态度上有了明确的变化后，我们才可以放心地与他探讨他的某些问题。在这个前提条件下，我们可以尝试一些较为常用的措施。

分析师单纯指出他的关键冲突是起不到太大作用的，因为患者依然全副武装地维护他的那些假的救命良药。他首先要领悟到，自己的那些追求不仅对他无益，还对他的生活造成了坏的影响。因此，分析师所要分析的主要内容不是冲突本身，而是患者为了解决冲突所采取的那些策略。分析师应该用最简单明了的语言帮助患者明白这一点。这里必须申明，我的意思并不是说分析师要刻意避免在患者面前谈论冲突。分析师在分析过程中采取何种分析方法，要依照患者神经症结构的脆弱程度而定。某些患者太早意识到自己的冲突，只会陷入恐惧当中。还有一些患者，分析师过早地指出他们冲突的真相，对他们并没有什么好处，所以同样没必要。我们不能指望患者在还没有放弃他的防御策略之前就对他的冲突表现出兴趣，这是一个很简单的逻辑，况且彼时彼刻他还在无意识地依赖着它们。

我们在处理他的理想化形象时，同样需要格外慎重。由于篇幅所限，我们不能详细讨论理想化形象出现在什么条件下，但是慎重对待它是有必要的，因为理想化形象通常是患者唯一感到真实的东西。不仅如此，理想化形象还可能是唯一能使患者得到自尊的因素，而他依靠这一形象避免了在自卑中沉沦。在拆除患者的理想化形象之前，必须先让他获得一定程度的现实性力量，否则他无法忍受由此带来的挫折。

至于施虐倾向，在分析过程的早期就试图修正它，不会取得任何成果。首先，施虐倾向与患者的理想化形象之间有着巨大的鸿沟，两者的区别是那么明显。甚至在分析过程的后期阶段，患者意识到自己的施虐倾向时，仍旧会感到恐惧和憎恶。当患者的绝望得到一定程度的改善时，我们才能进行这一步的分析，这是因为，患者无意识地认为他只能活在这种替代性的生活中时，他是绝不会心平气和地跟分析师来研究自己的施虐倾向的。

上述原则也可以指导分析师根据患者的特定性格结构向他做出恰如其分的解释。患者认为情感是懦弱的表现，于是对那些能够彰显力量的因素格外上心，当他有表达自己攻击倾向的冲动时，分析师理应优先分析他的这种想法以及该想法会造成什么样的后果。哪怕患者表现出了非常明显的亲近他人的渴望，分析师都不应该着急在这方面下功夫，起码现在不是时机。患者会觉得自己的情感安全受到了威胁，而非常排斥分析师的这种举动，他会铆足了力气防备分析师将他变成“老好人”。当他真正变强时，他才能够在意识到自己有顺从倾向和自卑倾向时承受得住。分析医生在治疗这种患者时，需要等待一段时间才能小心地碰触他的绝望问题。对他来说，绝望意味着自怜自艾，而这是他最鄙视的东西，另外，承认绝望就等于承认自己是个失败者，因此他显然不可能承认自己有绝望这种东西。反过来讲，假如患者的主导倾向是顺从倾向，分析师就应该首先针对他的“亲近他人”的表现进行分析，而后再触碰他的支配倾向和报复倾向。再说一种情况，假如遇上某个自诩为完美情人或自视为最英明神武的天才的患者，就不要首先去分析他的自卑了，因为一定会碰壁，哪怕对他害怕被轻视和害怕被拒绝进行分析，也是在浪费时间。

某些情况下，比如患者坚决维护自己的理想化形象，同时外化情况也很严重，当二者结合在一起时，患者简直无法容忍自己有任何不完美的地方。这些情况下，分析初期所能触碰的问题极其有限。要是分析师察觉到了这种状况，就应该尽量避免做出任何像“问题是患者自己造成的”这一类暗示，哪怕是最委婉的暗示也不要做，否则就会造成时间和精力上的浪费。这并不是说在这一阶段分析师什么都不要做，他可以选择性地处理理想化形象的某些方面，比如患者对自己的要求太苛刻。

分析师如果想更快、更准地了解患者与别人互动时的真实态度，就应该熟悉神经症性格结构的动力学原理，这样的话他就知道该选择什么样的时机从哪一个问题入手了。当一位内科医生观察到病人有盗汗、哮喘、午后倍感疲惫等症状后，首先会判断患者是否有患了肺结核的可能性。同样的道理，分析师熟练掌握了诊断依据，就能够从最隐蔽的症状中看到或推断出患者的整个人格结构图，好集中精力攻克病灶。

举个例子，某位患者在与人交往时表现得过分谦逊，甚至是一味附和，没有主见，而在分析时也表现出对分析师的欣然佩服，这时候分析师就有必要分析一下他的这些表现是否为他的真实倾向，并且根据这些表现判断患者是否为“亲近他人”。如果分析师找到了更多这方面的线索，他就能尝试依据那些可能性较大的方面对患者进行归类了。再比如，如果患者总是提及让他感到屈辱的经历，并且害怕分析师也会以类似的态度对待他，那么分析师就应该立马想到，他首先应该做的，是帮助患者不那么惧怕羞辱。分析师可以针对彼时彼刻患者最显著的恐惧进行分析，将患者恐惧的根源解释给他听，比如，如果这时候患者已经意识到自己的理想化形象了，分析师就可以将患者的恐惧与他对理想化形象的维护联系起来。再比如，如果患者在接受分析时，表现得非常木讷，而且持“宿命观”，分析师就应该知道，他必须尽最大努力帮助患者消除绝望。但如果是在分析初期，分析师就不能急迫地去触碰患者的绝望，他顶多可以向患者解释，他正在放弃自己。等时机到了，分析师才能够极尽详细地向患者说明，他应该理解自己的绝望，并且它是一个必须解决的终极问题，他的绝望并不是源于事实的无望状态。如果在分析后期观察到了患者的绝望，分析师就应该将它与具体的原因联系起来，比如他因为无法达到理想化形象的要求而绝望，或者因为找不到摆脱冲突的方法而绝望。

上面所建议的这些方法，给分析师提供了很大的发挥余地，分析师可以参照它们，发挥自己的专业直觉，去感知患者的真实内心图景。分析师的一项不可或缺的珍贵工具就是直觉，可以最大限度地利用它。利用专业直觉判断，并不代表分析工作是一门“艺术”，也不代表运用常识就足够了。分析师应该用更科学的方法，精益求精、负责任地进行分析治疗，而这些必然建立在一个非常重要的前提下，那就是了解患者的神经症结构。

不同的患者之间，神经症性格结构的差异性非常大，分析师不可能不出错误，因为他们是在迷雾中摸索着前行。不过这里所说的错误，不包括那些原则性的重大错误，比如患者并没有那种动机，可分析师坚持认为他有；再比如，故意说一些患者不愿接受的解释，而不是在掌握了神经症的根本驱力的前提下向患者解释。我们能够避免那些重大的原则性错误，但是有一个错误却无法避免，那就是过早做出解释。我们想要及时察觉自己的错误，以便及时调整分析方案，就需要在我们做出解释时，认真观察患者的反应。我认为，现在情形是，我的同行们过分关注患者对于某种解释是接受还是抗拒，换句话说，他们把注意力都集中在了患者的抗拒上，而没有去认真思索患者的反应究竟暗藏着什么。对于分析工作来说，这是一种不幸。当分析师指出了患者身上的某一问题时，分析师靠什么来判断自己怎么做才能让患者解决这一问题？答案是观察患者的反应，搞明白这种反应意味着什么。我们举例来说明这种情况。

某位患者认识到，自己跟别人在一起时，对方提出的任何要求都让他感到恼火，哪怕是最合理的要求，也会令他觉得受到了强迫，而他却觉得可以任意要求对方；如果受到了批评，就算是最合情合理的批评，也会觉得对方在故意羞辱他，但他批评对方时，却从来都不留情面。这意味着他赋予了自己过多的特权，却不给对方留哪怕最基本的权利。他慢慢认识到，这种态度是对他的友情和婚姻来说，简直是一个无形的杀手，所以在分析过程中非常配合，表现得极为主动。可是，当他认识到这种态度所导致的后果时，他隐隐表现出了焦躁和压抑，而且不置可否。在他的日常生活中，与人交往时同样表现出了这种逃避倾向，与他当初迫切想要获得某个女性的青睐形成了明显的对比。他在观念上认为应该与他人平等相处，可在实际生活中却没有践行这一点，而令他无法忍受与他人平等相处的，正是他的这种逃避倾向。他所反映出的压抑，其实是因为意识到了自己置身于无法协调的两难境地，逃避也是寻找解决办法的一种反应。但是逃避是不能解决问题的，当他意识到这一点后，并且明白自己唯一的出路只有改变态度，他就会思考，为什么自己无法忍受与他人平等相处。接下来，通过与人交往的言行举止领悟到，在他的情感思维中只存在两种情况：要么自己独揽所有权力，要么对方独揽所有权力。他承认，他有这样的顾虑：权力落入他人之手，自己就只能按照对方的意愿行事，而无法做任何自己想做的事了。如果是这种情况，他的顺从倾向和自卑倾向很容易被引发，分析师之前就观察到了这些倾向，但并没有认识到它们的强烈程度，以及意味着什么。患者的这种顺从倾向和依附倾向由多种原因引起，他为了保护自己不受伤害，于是赋予了自己过多的特权。这种防御策略对于患者来说是如此重要，以至于让他放弃顺从倾向，就等于让他抛弃整个人格，这时候顺从是他最迫切的内在需求。分析师必须先针对他的顺从倾向进行分析，而后才可以考虑消除他的专制态度。

想要彻底解决某一个问题，单用一种方法是不可能实现的，这在本书每一个章节里都说得明明白白。我们必须从各个角度反复考察问题，因为患者的任何一种态度，都可能有多种原因。而这些原因，以各自的影响力促进着神经症的发展。比如，最开始的不愿和人起冲突，以及逆来顺受，发展到后来可能就演变成对情感的病态需求了。所以先要解决上面的两种态度，才能处理他的这一需求。

我们必须先对患者的这两种态度进行分析，之后才能分析他的理想化形象。站在新的视角看问题，可能就会发现，患者认为不与别人起冲突，是一种圣人的品质。而开始对他的疏离倾向进行分析时，我们又可能发现，他的这种态度还有避免与他人发生口角或肢体冲突的需要。再则，当我们发现患者严控自己的施虐冲动，以及他惧怕他人时，就能看到他的这种隐忍态度具有多么明显的强迫性了。其他案例中患者对强迫的敏感反应，可能首先被认为是它产生于患者为了获得安全感的疏离需求，其次可能会想到是源于患者渴望权力的投射，最后还可想到是源于他的内心压抑，或者其他倾向的外化。

在分析过程中，任何一种神经症态度或冲突，都应该与患者的整个人格相联系进行理解。这就是我们称之为深入研讨的方法。这种方法包括以下几个步骤：使患者意识到他的特定倾向或冲突的所有公开或隐藏的表现，帮助他认识它们的强迫性本质，使他能够认识那种倾向或冲突所具备的主观价值，以及所能造成的不利后果。

当患者意识到某一种神经症的特异表现时，通常会提出这样一个疑问“它是怎么产生的？” 而不是直面它。他希望只要追溯到问题出现的源头，就能一劳永逸地解决问题，他的这种希望可能是有意识的，也可能是无意识的。分析医生必须把他拉回来，不让他逃遁到过去之中，而要让他了解那种特异表现本身，包括它的具体表现形式，他对它的态度，以及他使用了何种方法来掩盖它。比如，假如患者对顺从的畏惧已明朗化，他必须看清在何种程度上他对自己的自卑感到恼怒、害怕和绝望。他必须认识到，为了消除自己的一切顺从表现以及与它有关联的那些倾向，他在生活中无意识地压抑了自己。正是为了达到这一目的，他才表现出了那些表面上看起来差异很大的态度。他处于一种麻木之中，不仅感知不到别人的愿望、情感和反应，还失去了关注他人的兴趣。他已窒息了自己对他人的好感，也窒息了想要得到他人对自己的好感的欲望。别人的善意和温情令他不屑一顾，别人的请求，他不加思考就予以拒绝。在私人关系上，他自认为有权向别人提出任何要求，再苛刻都不过分，哪怕前后不一致，别人也应该照做不误，而对方提出任何要求，他都觉得是无理取闹。或者，如果我们注意到的是患者的全能感，那么，仅仅使患者认识到自己有这种感觉还远远不够。他必须看到，他从早到晚都在为自己制定不可能完成的艰巨任务。比如，他认为他有能力飞速写出一篇复杂的论文，他希望自己尽管疲惫不堪也能思路敏捷，一蹴而就。在分析过程中他刚对问题一瞥，便以为可以解决它。

除此之外，患者还必须认识到，他是身不由己地被驱赶着行动，受制于特定的倾向，尽管他本人的意愿或利益不需要他那样做，甚至需要的刚好是相反的态度。他必须认识到，这种强迫性在任何场合、面对任何人都会不合时宜地表现出来。比如，他不仅对自己的敌人苛刻，喜欢挑对方的毛病，对朋友也一样。如果别人对他态度和蔼，他会怀疑别人是不是做了什么对不起他的事才这样；如果别人坚持己见，他会觉得对方像一位专横跋扈的暴徒；如果对方让步，那说明他是懦弱者；如果对方表示想做他的伴侣，他会觉得那人不够庄重；如果对方对人对事一概拒绝，那便认为他是吝啬小气，等等。或者，如果是针对患者不确信自己是否受欢迎、别人是否接受他进行讨论，那么他就必须认识到，他对自己的怀疑态度，哪怕有证据证明是错的，他也仍会坚持怀疑自己。想要认识到某种倾向的强迫性，就有必要认识该倾向受挫时患者的反应。比如，假如出现的倾向关涉到患者对温情的需要，那么，患者应该看到，在出现任何受拒或友谊减弱的迹象时，他便惊恐地感到完了，即使那种迹象极轻微，即使那位友人本来就对他没有多么重要。

让患者看到他的问题的严重性是第一个步骤，接下来的一个步骤就要让他认识到导致该问题的因素所具有的严重性。这两个步骤都激起他进一步检查自己的兴趣。

当我们着手考察某种特殊倾向的主观价值时，患者常常会迫不及待地主动提供线索。他可能会说，他是在忍无可忍的情况下才去抗拒那些“强迫”他的东西，以及鄙视压迫者的；如果他不这样做，就会被对方彻底控制，比如，会被严厉的父母剥夺自由。他会说，高人一等的态度无论过去还是现在都在帮助他克服自卑的毛病；他的孤独离群或他的玩世不恭的态度保护了他免受伤害。患者的这种与他人的关系源自于对安全的需求，它能说明很多问题。它向我们展示了那些态度在过去所起的作用，以及某种态度是如何占据主导地位的，并使我们更好地理解患者的发展历程。另外，它还有助于我们理解该倾向在目前对患者所起的作用，这是最重要的一点。从治疗的角度来看，这些作用有着非常重要的研究价值。没有哪一种神经症倾向或冲突只是过去历史的遗迹，就像某种痼癖一样，一旦形成就永远改不掉。我们可以确信，一切倾向或冲突都是由当前的性格结构所包含的需求所决定的。而目前仍旧发挥作用的因素是我们所要攻克的最关键的难关，至于认识到过去为什么会出现某一神经症特异表现，虽然有一定的价值，但并非主要价值。

患者从神经症倾向所获得的主观价值，主要在于它能抵消某些其他倾向。因此，想要知道应该怎样着手处理某一具体病例，首先就要彻底领悟这些价值。比如，如果我们知道，某位患者不肯放弃他的全能感，是因为这样做可以让他将自己潜在的可能性当作事实，把他的光辉前景当成已经取得的成就，那么我们就知道，我们的首要任务就是分析他到底在何种程度上生活在自己的想象之中。如果我们看到他这样做是为了不致遭到失败，我们自然会注意，究竟是哪些因素才使他有这种失败的预感，而且使他时时刻刻惧怕失败的发生。

分析治疗中最重要的一步，就是让患者明白，他以为有价值的东西其实弊大于利，换句话说，他的神经症倾向与冲突只会使他更加羸弱无力。其实这种启发性的工作，我们在先前的步骤里已经做了一部分了。不过，让患者将他的病症详细而完整看清楚才是重中之重，因为只有在这个时候，患者才会真正感到需要改变。然而，对于任何一种神经症，患者都有维护现状的强迫性，所以，想要让改变取得成效，我们需要一种足够强大的刺激，来抗衡并压倒这一阻力。可是这种刺激只有患者对内心自由、幸福和成长的渴求才能提供。他想要认识到正是他的各种神经症表现阻碍了这些渴求的实现。如果他有自我贬损的倾向，他就必须看到，他的自尊心遭到了这一倾向的抹杀，以至于陷入绝望；它使他感到自己不被他人接受，而强迫性地忍受他人的虐待，同时又滋长了他的报复欲望；它使他的热情和工作能力陷于瘫痪；为了不让自己陷入自我鄙弃的绝境，他被迫表现出了一系列防御性态度，如自大、自我疏离，而他的神经症也因此更加严重。

当患者在分析过程中表现出某一种非常突出的冲突时，分析医生就必须帮助他认识到它对他的生活所产生的影响。比如，患者所表现出的冲突是自我鄙夷倾向与对成功的渴望之间的矛盾，分析师就应该知道，这是施虐倾向的倒错所固有的极度压抑的结果。患者必须看到，他每次表现出自己的谦逊时都会感到自己很可鄙，同时对他所奉承的人带有忌恨；而另一方面，他每次挫败了别人，都会觉得自己很危险，而且担心遭到别人的报复。

有时会发生这种情况：即使患者已经意识到各种神经症态度的危害性后果，可他还是没有表现出克服这些态度的积极性。他的问题似乎被遗忘了，不存在了。他不去正视自己的问题，而是以某种巧妙的方式将它丢到一旁，这样一来他的病情得不到丝毫好转。事实上，不光别人注意到了他的这种回避态度，他自己也看到了，而且也知道这种态度对自己的危害。不过，如果分析师不能机敏地识别出这种缺乏积极性的反应，就很容易忽视患者的回避态度。患者会岔开话题，将分析师带到别的话题上，而后陷入另一个类似的死胡同。分析师可能要等很长一段时间后才能够意识到，他做了这么多工作，却并没有帮助患者取得应有的进展。

如果分析师觉察到患者会时不时出现这种反应，他就应该思考一个问题：患者的这种态度既然已经造成了这么多不利后果，但他为什么不愿意改变它呢，是什么因素阻碍了他？通常这是由一系列的因素促成的，分析师只能一点一点地逐步来解决。患者可能还深陷在绝望之中，认为自己已不可能发生任何改变；他想战胜或挫败分析师，让他颜面扫地，这种欲望甚至超过了他对自身的兴趣；他仍旧带有严重的外化倾向，所以即便认识了这些不利后果，却不认为是他自己的原因造成的；他的全能感依旧十分强烈，所以虽然明白继续持有这种态度必然会危害自己，可还是觉得自己有办法不受其害；他的理想化形象依旧干扰着他，让他无法接受自己有神经症态度或冲突。他觉得，只要自己认识到了问题的存在，就可以轻而易举地解决掉它，当他发现事与愿违时，他就会恼怒自己。分析师很有必要了解这些可能性的因素，因为有些因素遏制了患者对改变的渴望。如果分析师不重视这些因素，那他跟休斯顿·彼得森所说的“心理学痴迷者”有什么区别？我们不能用心理学桎梏自己，而忘了真正的宗旨是什么。当患者出现这种反应时，分析师帮助他接受自我，会对治疗非常有利，哪怕没有解决掉冲突，也能让患者大松一口气。这时候患者才会产生想要摆脱像蜘蛛网一般束缚着自己的冲突的渴望。这种局面对于接下来的分析工作会非常有利，还能让我们看到神经症患者破茧成蝶的希望。

上述内容并非一篇关于分析技术的论文。关于分析过程中能够激化问题的因素，以及对治疗有效果的因素，我并不指望通过这短短篇幅就能全都论述完毕。患者将其防御性和攻击性带入与分析师的关系中对分析有什么好处或有什么坏处，无疑值得研究，但我不打算在这里展开叙述。我所描述的步骤，所包含的基本过程都是每一次出现新的倾向或新的冲突时必然要经历的，但是因为哪怕分析师注意到了患者存在这种问题，但患者本人没有意识到，所以我们在具体操作的过程中没有办法按照所列好的分析顺序按部就班地进行。我们前面所举的例子中，也即那位自认为有权力的患者，让我们看到，在分析一个问题时，又暴露出了另一个问题，而后一个问题才是我们应当首先分析的。其实顺序并不那么重要，关键是最后每一个步骤都做到了。

患者的问题形形色色，所以在分析过程中所表现出的新症状同样花样百出。患者意识到自己处于愤怒状态，并且意识到愤怒的原因时，他可能会平静下来，不再那么恐慌；当他看清自己所面对的困难时，他的抑郁症可能得到缓解。不管是否帮助患者彻底解决了特定的问题，只要把分析工作做好，都有助于患者对他人和对自己的态度发生良性转变。如果我们同时要解决好几个问题，就会发现，它们对患者人格的影响方式是如此相似，比如觉得自己理应得到自己想要的、一再强调性欲、对支配十分敏感等。无论我们对这些问题中的哪一个进行分析，都能令患者的恐惧、绝望、敌意、疏远他人的症状、疏远自己的症状得到减轻。我们不妨列举几个病例，思考一下患者的自我疏离倾向是如何得以减轻的。一位过分强调性欲的患者，只有通过性体验和性幻想才能获得存在感，他认为自己的性吸引力是唯一值得依靠的优势，他自以为的成功和失败都局限在性的范畴内。想要让这个患者对生活的其他方面产生兴趣，首先就要让他意识到他正处于当前的这种状况，否则他永远无法找回自我。有一位把自己当成伟大天才的人，他所认知的“现实”，其实全都是他的想象，他无法看到自己的真实能力，也无法看到自己的局限。分析师要让他认识到，他将自己的潜在能力当成了已经取得的成就，当他不再这么做的时候，就可以体验到自己的真情实感，也可以接受真实的自己。另一位患者对于强迫过分敏感，他总是觉得自己受到了他人的支配和强迫，甚至连自己的意愿和信念都忘记了。通过分析，他逐渐明白自己真正想要追求的是什么，并且将自己的精力集中在真正的追求上。

无论被压抑的敌对情绪从何而来，表现为何种形式，通过分析，它们会逐一浮出水面，患者似乎变得暴躁易怒起来，不过随着某一种神经症态度的消除，他的这些敌对情绪都会得到缓解。这是因为，当患者能够正视自己的问题，并且知道自己有能力不受它们的伤害时，他就能够感觉到他的依赖、愤怒和苛求正在减少，其敌意自然也会越来越少。

绝望的缓解是敌意减少的最主要原因。只要内心变得强大，就不会总是觉得受到他人的威胁了。有很多原因可以让一个人的内心变得强大起来，比如，以前的他总是将注意力集中在别人身上，而现在将它还给了自己，于是他变得积极向上，自发主动，且开始建立自己的价值观体系。从前用来抑制自己的心力如今有了正确的用武之地，以前被抑郁、自卑、恐惧和绝望压得喘不过气来，而现在这些负面因素对他的影响力越来越小，因此他能释放出的潜能会与日俱增。以前他盲目顺从，盲目敌视他人，或肆无忌惮地发泄施虐冲动，而今理智的宽容让他变得更加坚强。

当患者的防御堡垒被拆除时，他必然会陷入焦虑，不过这只是暂时的，接下来的分析治疗能够让他不再像从前那样恐惧自己和他人，因此这种新出现的焦虑终究会消除。

所有的这些变化，都会通过患者与自己，以及与他人的关系的变化反映出来。患者不再觉得孤立无助，也不再盲目地对抗、支配和疏远他人，他的内心越来越强大，不会再觉得他人是自己的威胁，而是觉得完全能够与他们友善相处。他的自卑感会随着外化的减少而减轻，于是，他与自己的关系也越来越和谐。

我们在分析过程中所观察到的这些变化，说明以上这些因素同样是引起早期冲突的罪魁祸首。那些具有强迫性的倾向，在神经症的形成过程中呈现增长趋势，而在分析治疗的过程中则正好相反。患者领悟到，从前应对敌意、孤独、恐惧和绝望的态度，如果继续保留下去对自己有害无益，因此他会尝试改变这些态度。这是显而易见的，如果一个人觉得自己有能力与那些对他有敌意、令他厌恶的人平起平坐时，他自然不愿意委屈自己或割让自己的权益。如果一个人内心足够强大，毫不缺乏安全感，即便和他人在一起生活或工作也不必顾虑自己的才能被掩盖，他还有什么必要苛求权力和名望呢？如果一个人有爱的能力，自信有足够魅力应对竞争，那他自然也不会对别人退避三舍了。

当然，这些任务不可能一蹴而就。患者被冲突困扰得越深，解决困难需要的时间就越长。人们企图寻找分析疗法的捷径，以便省时省力，这我可以理解。我们渴望分析工作能够帮助更多的人解决他们的困难，哪怕只帮助了一点也是有意义的。但是，神经症有轻重之分，分析治疗自然就有缓急之分，较为轻微的神经症可以在相对较短的时间内治愈，而对于较为严重的神经症，想要缩短分析治疗所花的时间，就必须足够熟悉神经症性格结构，这样就能在寻找解释这一步骤中节省很多时间。有一些短期精神疗法，虽然很受人们欢迎，可是我却并不乐观。这些短期疗法大部分都很盲目，使用它们的人甚至不太了解神经症中发挥作用的那些力量究竟有多么强大。

不过幸好，解决内心冲突并非只有分析疗法这一种方法。最好的“分析师”其实就是生活本身，无论是谁，都可以通过丰富的生活经历来完善自己的人格。比如，以某位伟人做榜样；

与某些志同道合的人长相往来，这样就能让患者觉得没有必要支配或躲避对方。再比如，经历某次糟糕的事件后，神经症患者有了与他人亲密接触的机会，这次机遇令患者从自我疏离状态中解脱出来。如果神经症患者能够反省他的神经症行为所造成的严重后果，或者反思为什么它们一而再再而三地出现，他的恐惧心理就会大大减轻。

遗憾的是，生活这位“分析师”不以我们的主观意志为转移。它是一位没有情感的分析师，不会特意为某人设计一种困境、一次宗教体验或一份友谊来满足他的特殊需求。生活中的某次事件，可能在帮助了一位神经症患者的同时，也伤害了另一位患者。更遗憾的是，神经症患者在反省自己的行为所造成的后果这方面，是非常不容易的，更别说从中汲取教训了。假如患者真的有能力从自己的切身体验中汲取教训，能够意识到自己的行为所造成的后果，自己该负什么样的责任，并将这些领悟运用到生活中，我们的分析治疗任务也就没必要继续下去了。

我认为，对“分析疗法的目标有哪些”这一问题，我们应该重新界定一下了。我们已经认识到冲突在神经症中所扮演的角色，并且知道，它们并非不可消除。这些目标无法用医学术语来定义，尽管有很多神经症是医学领域所要攻克的疾病。但是，某些身体和心理上的疾病，反映出的其实是人格上的冲突，所以我认为应该在人格范畴内界定分析疗法的目标。

这样的话，我们的分析治疗工作就有了更多的任务要做。我们要鼓励患者以积极的心态享受生活，鼓励他培养自己做决定的能力和对自己负责的能力，让他有勇气承担后果，有勇气扛起责任。除此之外，还要鼓励他愿意为了他人而承担自己的责任和义务，帮助他认识到这些义务的价值，如对自己的父母、子女、朋友、同事、下属的义务，对小到社区大到国家的义务。

另一个治疗目标与上一目标密切关联，那就是帮助患者获得内心的真正独立。这意味着他既不盲目顺从，也不轻蔑他人的理想和观念；还意味着患者要建立自己的价值观体系，并且在日常生活中切实践行它们；还意味着与别人交往时，要尊重对方的个性和权利，保持人格上的平等，这才是真正的民主精神。

这个目标我们可以将它概括为“唤醒内在感情源泉”，也就是觉醒真情实感，重焕活力。这些感情包括喜爱、憎恨、快乐、悲伤、惧怕、希望，等等。这一目标的宗旨是，让患者有能力表达自己的真情实感，也有能力控制它们。我们这里必须特别强调爱和亲近的能力，因为它们太重要。要知道，寄生式的依附不是爱，虐待式的控制也不是爱，爱是什么？麦克马雷说：“一段关系，代表着一种目的。我们在这段关系中彼此联系在了一起，这是自然而然的一件事，因为人类天生就有与他人分享经历的愿望。我们向对方敞开心灵，相互理解和包容，在合二为一的生活中分享彼此的快乐，满足彼此的心愿。”

用一个更全面的定义来概括治疗目标就是：实现内在的完整。这一含义是：所有感情都是真情实感；卸下所有伪装；毫无保留地投入到工作、理想和感情中。想要接近这一目标，首要的任务就是解决冲突。

我提出的这些目标都具有可操作性，对于治疗神经症非常有效，并不是因为它们符合各个时代的智者的理想而想当然提出的。它们是精神健康的最基本表现，所以才有了这种符合。它们是通过神经症的病理原因合理推导出来的，所以我才会提出。

我们有临床经验作为依据，而且坚信人格是可以改善的，所以才敢提出这么高的目标。所有人只要还活着就有改变自己，甚至是彻底改头换面的可能性，并非只有孩童才具有可塑性。精神分析疗法为我们提供了这种彻底改变自我的有效途径。我们对神经症中产生作用的各种因素的了解越清晰，做到这种改变的可能性就越大。

这些目标是我们为之努力的方向，是引领我们的治疗任务和生活的灯塔。当然想要完全达到这些目标，无论是患者还是

所有人只要还活着就有改变自己，甚至是彻底改头换面的可能性，并非只有孩童才具有可塑性。

分析师，都是非常困难的。我们不能在抛弃一个旧的理想化形象后，又用一个新的理想化形象来替代，所以我们必须切切实实理解这些理想的含义。我们还要保持理性，不能认为自己有能力让患者变得毫无缺陷，我们所能做的，只是帮助患者获得更大的自由，鼓励他朝着真实的理想奋斗。换句话说，我们只是给患者提供了一个能令他变得更加成熟的机会，让他得到更健全的发展。

**图书在版编目（CIP）数据**

**我们内心的冲突**／（美）卡伦·霍妮著；李娟译．-- 武汉：长江文艺出版社，2016.12（2023.7重印）

ISBN 978-7-5354-9165-7

Ⅰ.①我… Ⅱ.①卡… ②李… Ⅲ.①精神分析—研究 Ⅳ.①B84-065

中国版本图书馆 CIP 数据核字（2016）第231617号

**我们内心的冲突**

WOMEN NEIXIN DE CHONG TU

---

责任编辑：张莹莹　　责任校对：韩　雨

封面设计：末末美书　　责任印制：张　涛

---

出版：长江出版传媒｜长江文艺出版社

地址：武汉市雄楚大街 268 号　　邮编：430070

发行：长江文艺出版社

北京时代华语国际传媒股份有限公司　（电话：010-83670231）

http：//www.cjlap.com

印刷：唐山富达印务有限公司

---

开本：880毫米×1230毫米　1/32　　印张：9

版次：2016 年12月第1版　　2023年7月第40次印刷

字数：150千字

---

定价：39.50 元

---